STEP 3

손으로 생각하는 사고력 수학 시리즈

챌린지 CHALLENGE

연결큐브

JN444184

조이앤에듀

몬스터매스 챌린지의 활용법

연결큐브를 활용하여 수학의 5대 영역(수와 연산, 도형, 측정, 자료와 가능성, 규칙성)의 내용을 골고루 학습합니다.

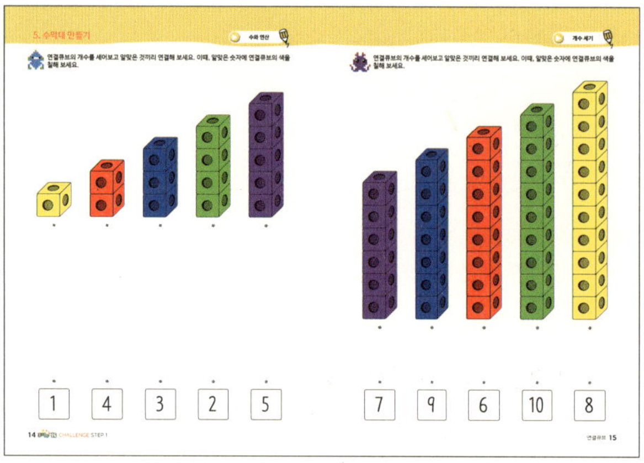

연결큐브의 수학적 의미에 대한 스토리는 아이들에게 흥미를 이끌어내도록 합니다.

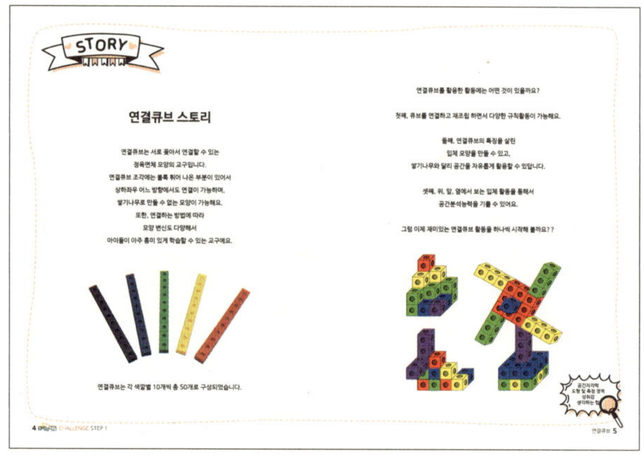

아이들의 흥미를 위해 놓아보기( ), 색칠하기( ), 연필로 그려보기( ) 등 다양하게 활동하도록 합니다.

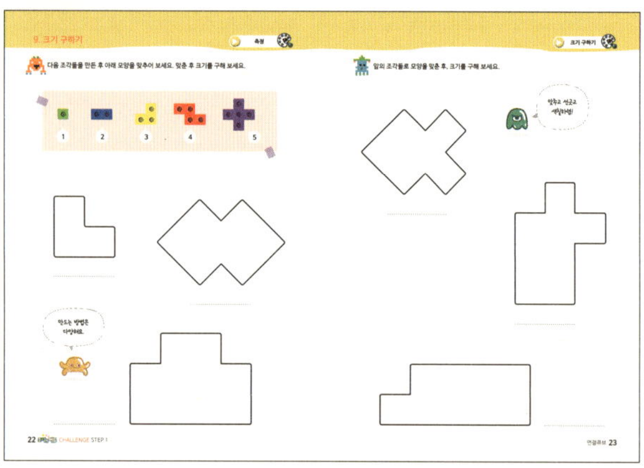

티칭 가이드를 통해 주제에 따른 학습 내용과 지도에 대한 팁을 활용합니다.

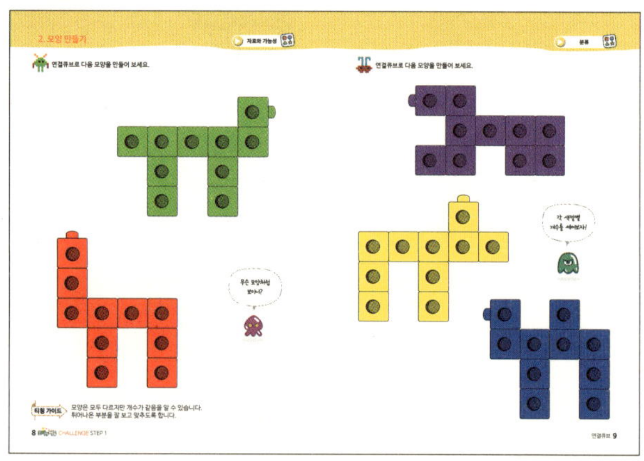

학습효과

1. 수학의 5대 영역에 대하여 폭넓게 익히고, 경험할 수 있습니다.
2. 특히 영재성의 기본인 공간지각력을 키우고, 공간 구조를 익힐 수 있습니다.
3. 어려운 문제를 해결해냄으로써 성취감을 높여줍니다.
4. 문제 해결을 위한 전략적인 사고는 생각하는 힘을 길러줍니다.

CONTENTS

너무 재미있겠다~
빨리 빨리
시작해요~

STORY

연결큐브 스토리

연결큐브는 서로 꽂아서 연결할 수 있는
정육면체 모양의 교구입니다.
연결큐브 조각에는 볼록 튀어 나온 부분이 있어서
상하좌우 어느 방향에서도 연결이 가능하며,
쌓기나무로 만들 수 없는 모양이 가능해요.
또한, 연결하는 방법에 따라
모양 변신도 다양해서
아이들이 아주 흥미 있게 학습할 수 있는 교구에요.

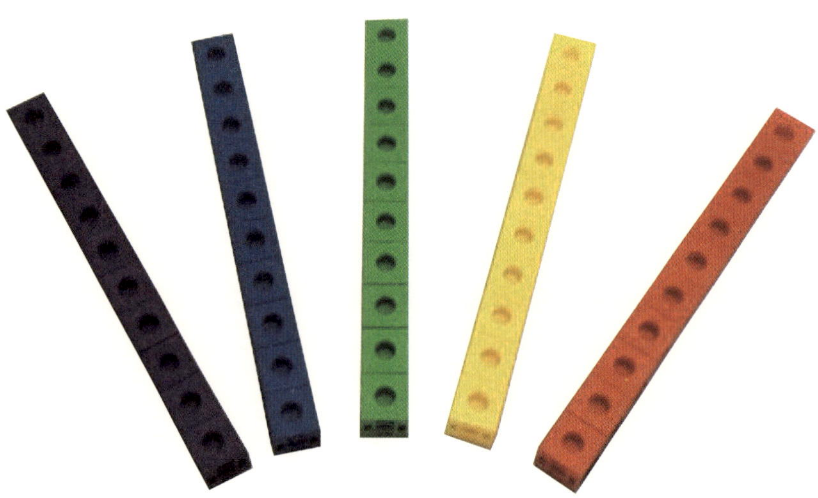

연결큐브는 각 색깔별 10개씩 총 50개로 구성되었습니다.

연결큐브를 활용한 활동에는 어떤 것이 있을까요?

첫째, 큐브를 연결하고 재조립 하면서 다양한 규칙활동이 가능해요.

둘째, 연결큐브의 특징을 살린
입체 모양을 만들 수 있고,
쌓기나무와 달리 공간을 자유롭게 활용할 수 있답니다.

셋째, 위, 앞, 옆에서 보는 입체 활동을 통해서
공간분석능력을 기를 수 있어요.

그럼 이제 재미있는 연결큐브 활동을 하나씩 시작해 볼까요??

공간지각력
도형 및 측정 영역
성취감
생각하는 힘

같은 색을 찾아 올려놓아 보세요.

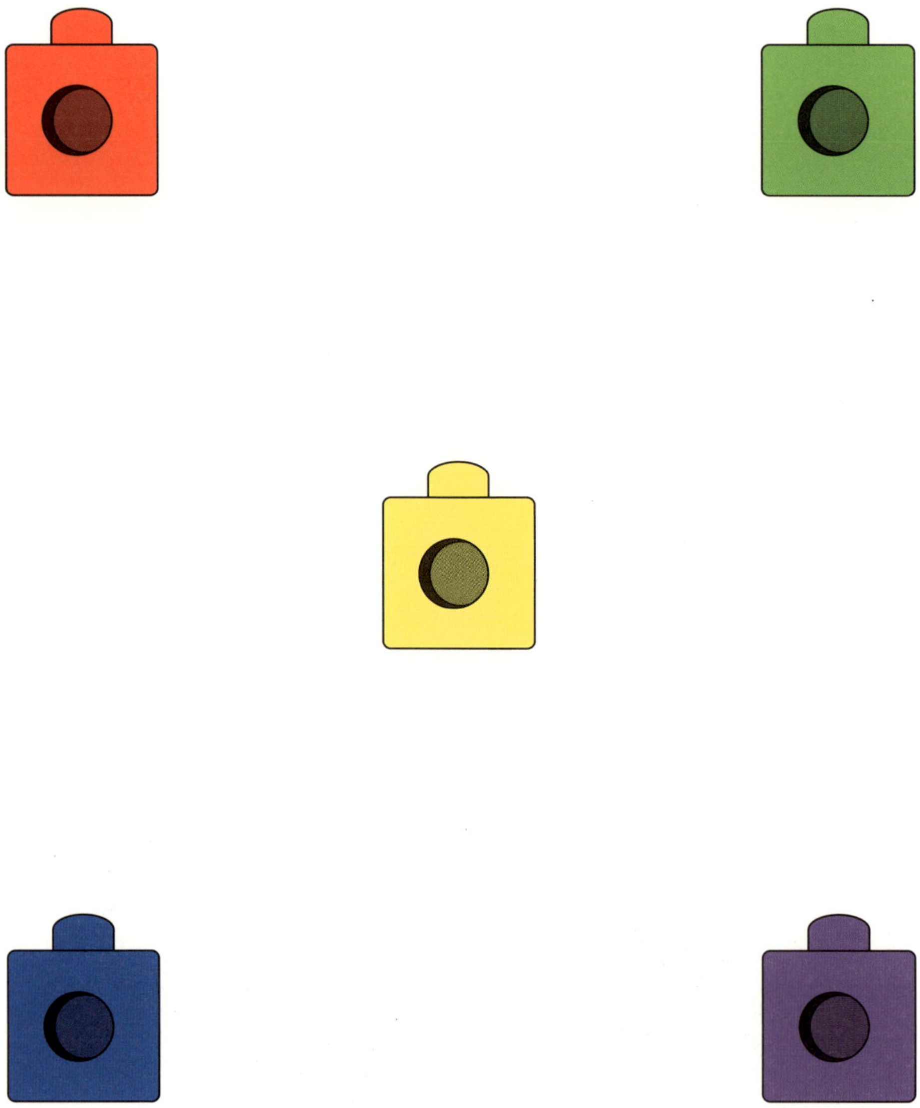

모두 몇 가지 색인가요? ______________ 가지

각 색깔은 몇 개씩인가요? ______________ 개씩

화살표 방향으로 연결큐브를 연결해 보세요.

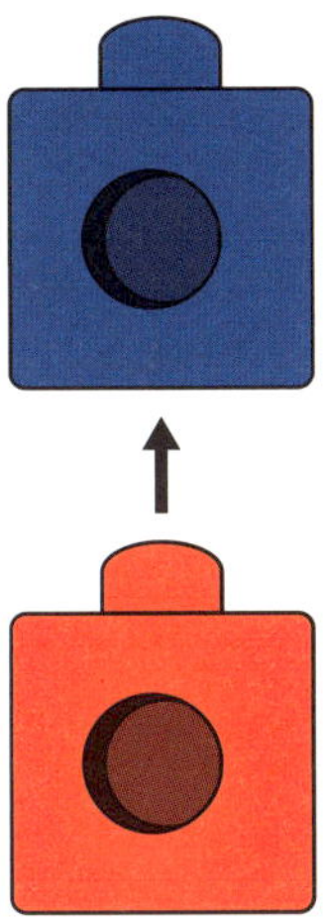

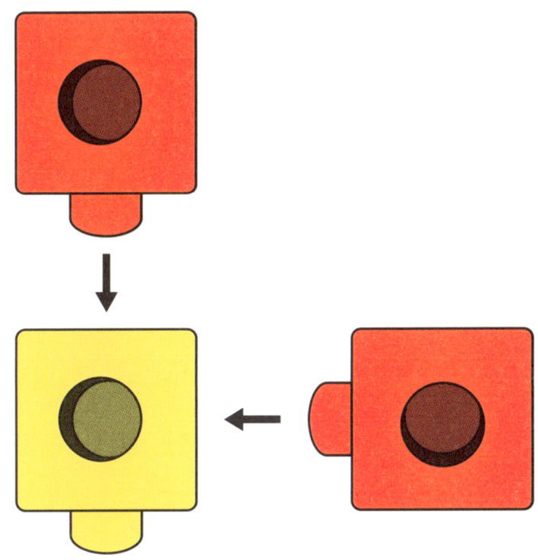

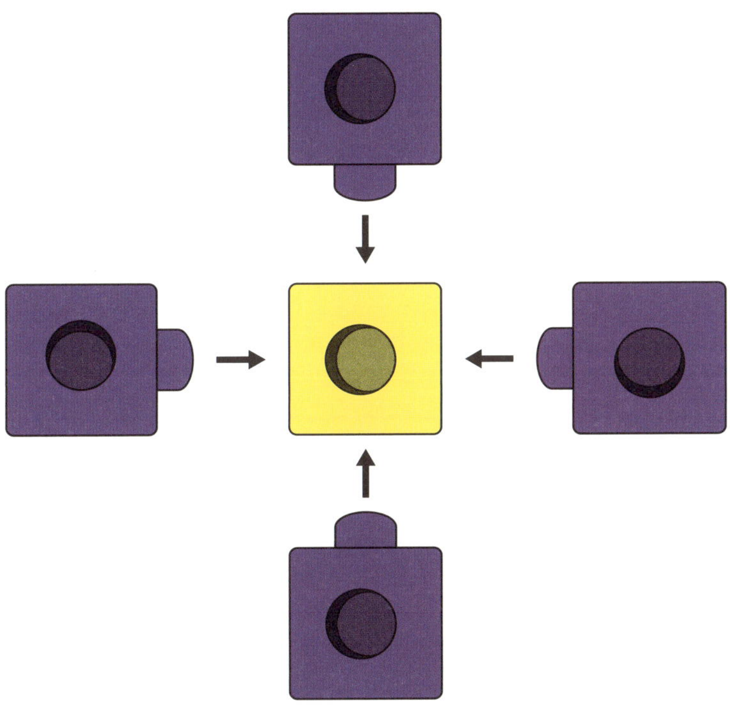

연결큐브로 다음 조각을 만들고 제시된 모양을 맞추어 보세요.

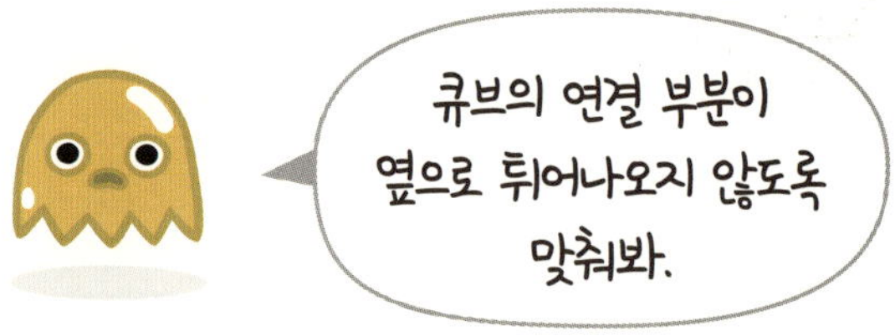

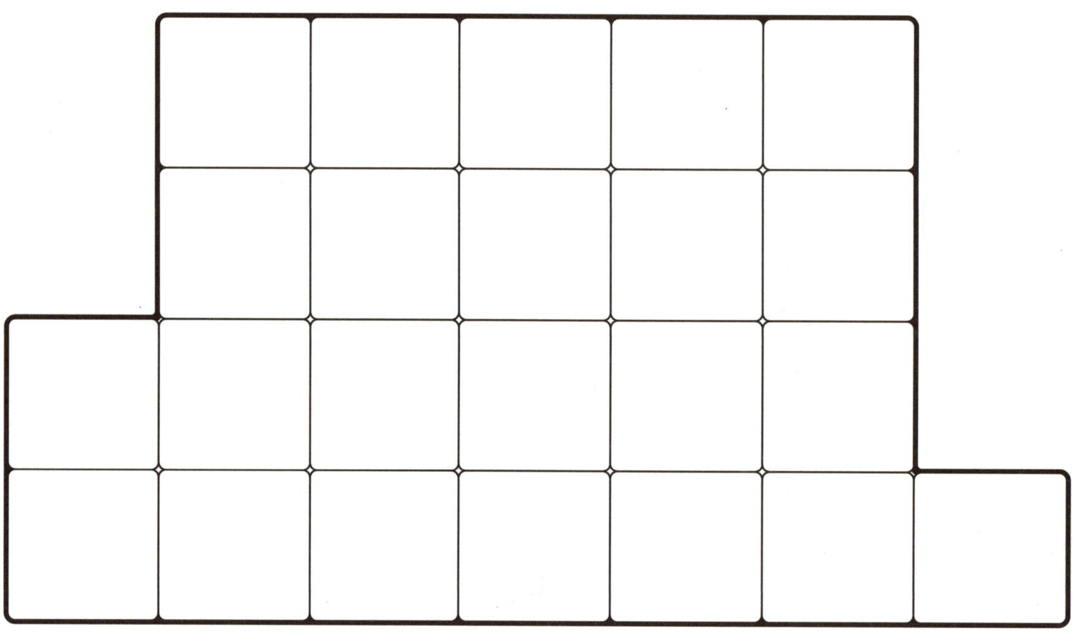

티칭 가이드 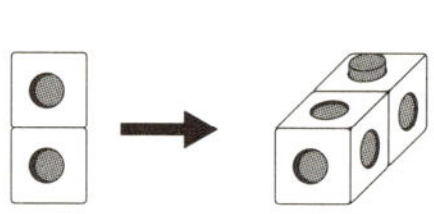 튀어나온 곳을 위로 향하게 하면 모양 맞출 때 수월합니다.

연결큐브로 다음 조각을 만들고 제시된 모양을 맞추어 보세요.

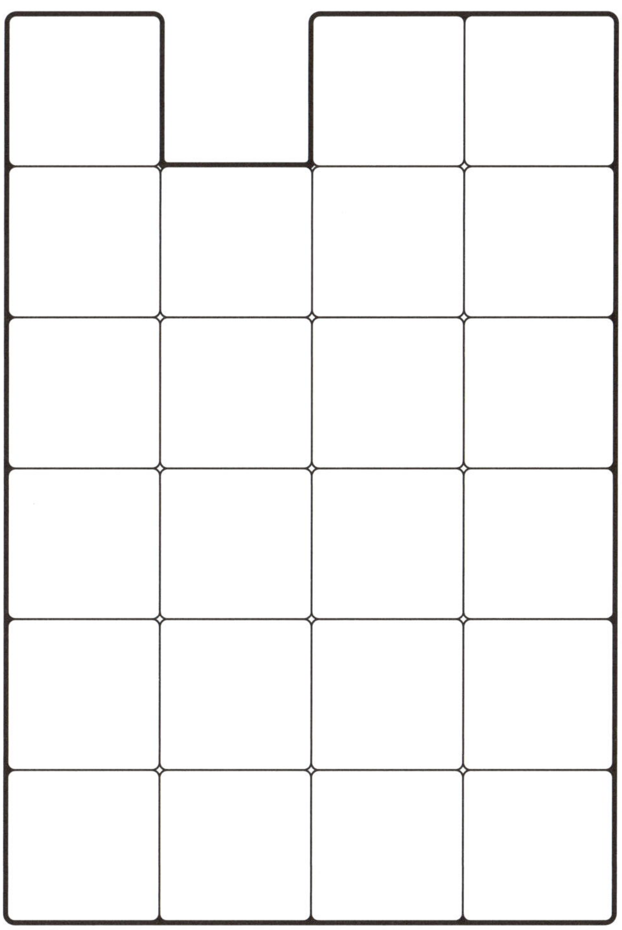

입체 모양을 만들고 위에서 보았을 때의 연결큐브의 개수를 적어보세요.

➡

2	1

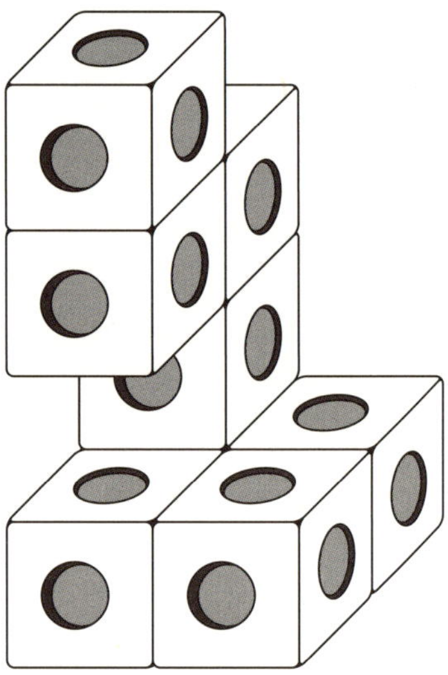

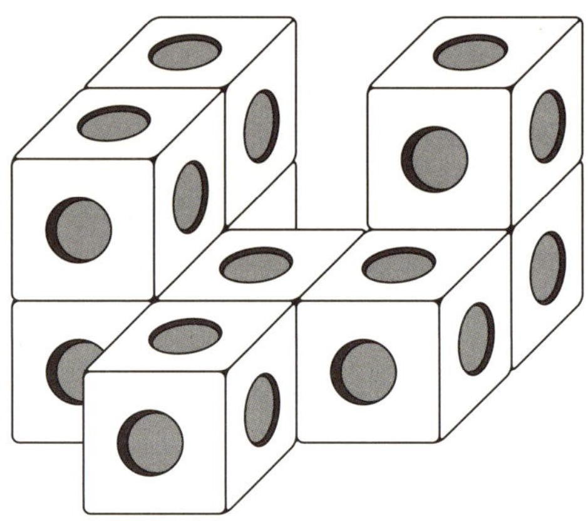

다음 입체 모양을 만들고 위에서 보았을 때의 연결큐브의 개수를 적어보세요.

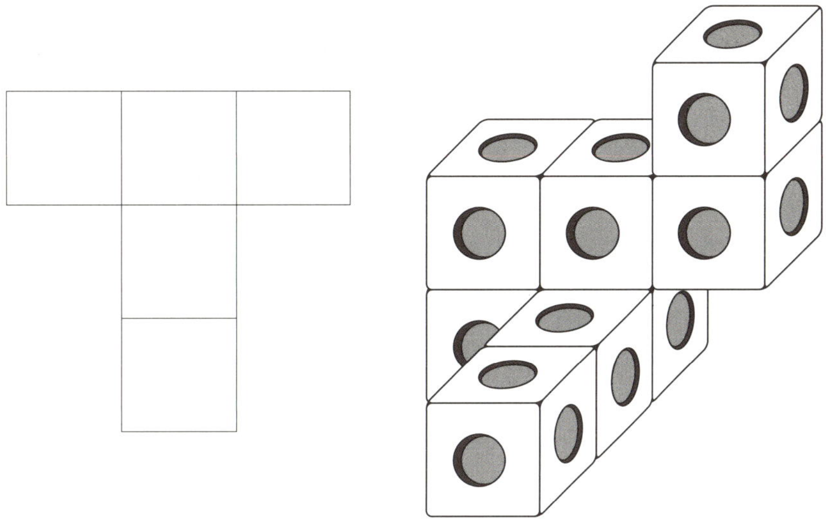

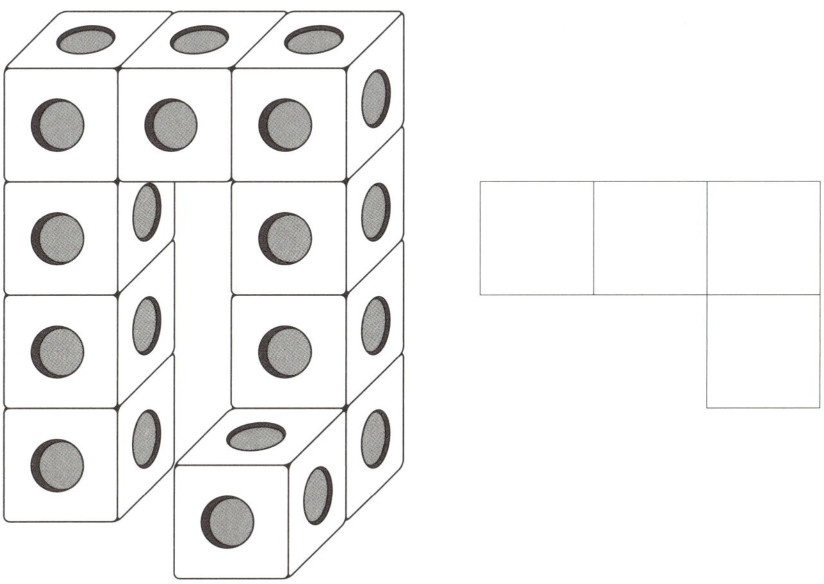

4. 평면 모양 맞추기 2

도형

연결큐브로 다음 조각을 만들고 제시된 모양을 맞추어 보세요.

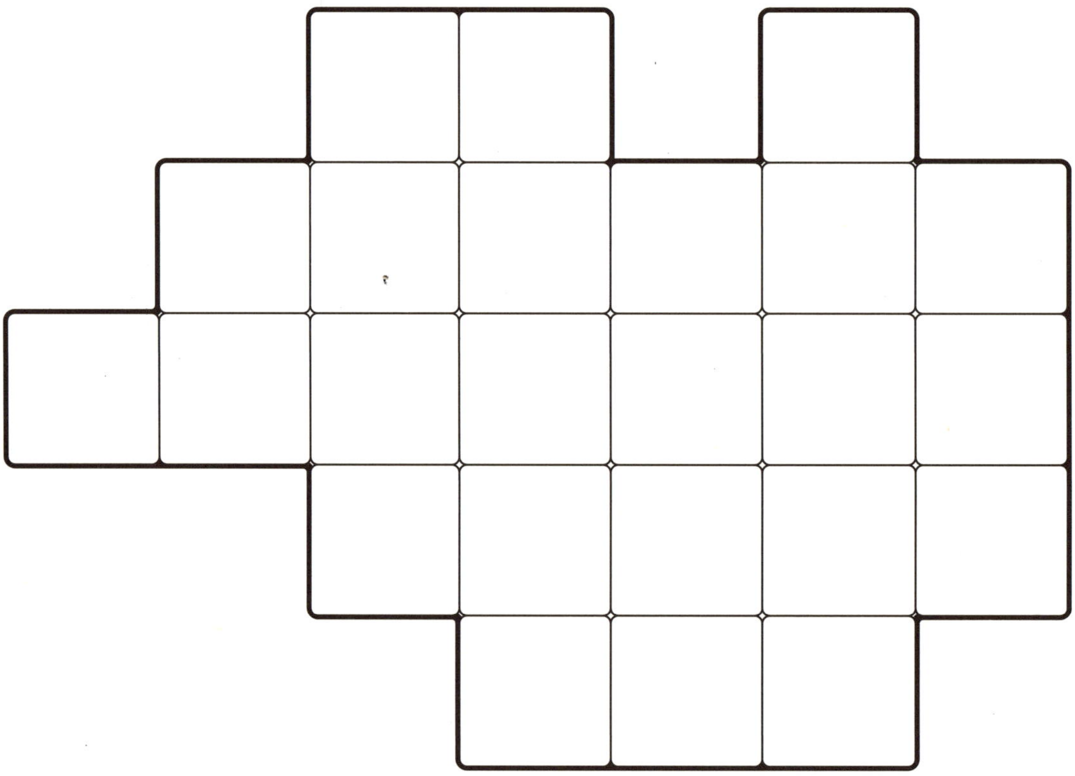

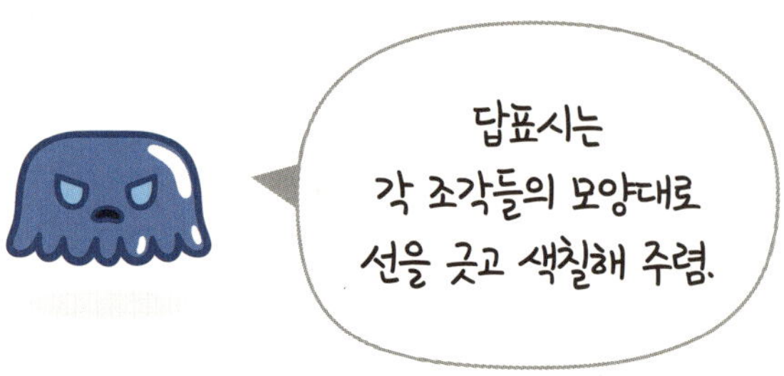

연결큐브로 다음 조각을 만들고 제시된 모양을 맞추어 보세요.

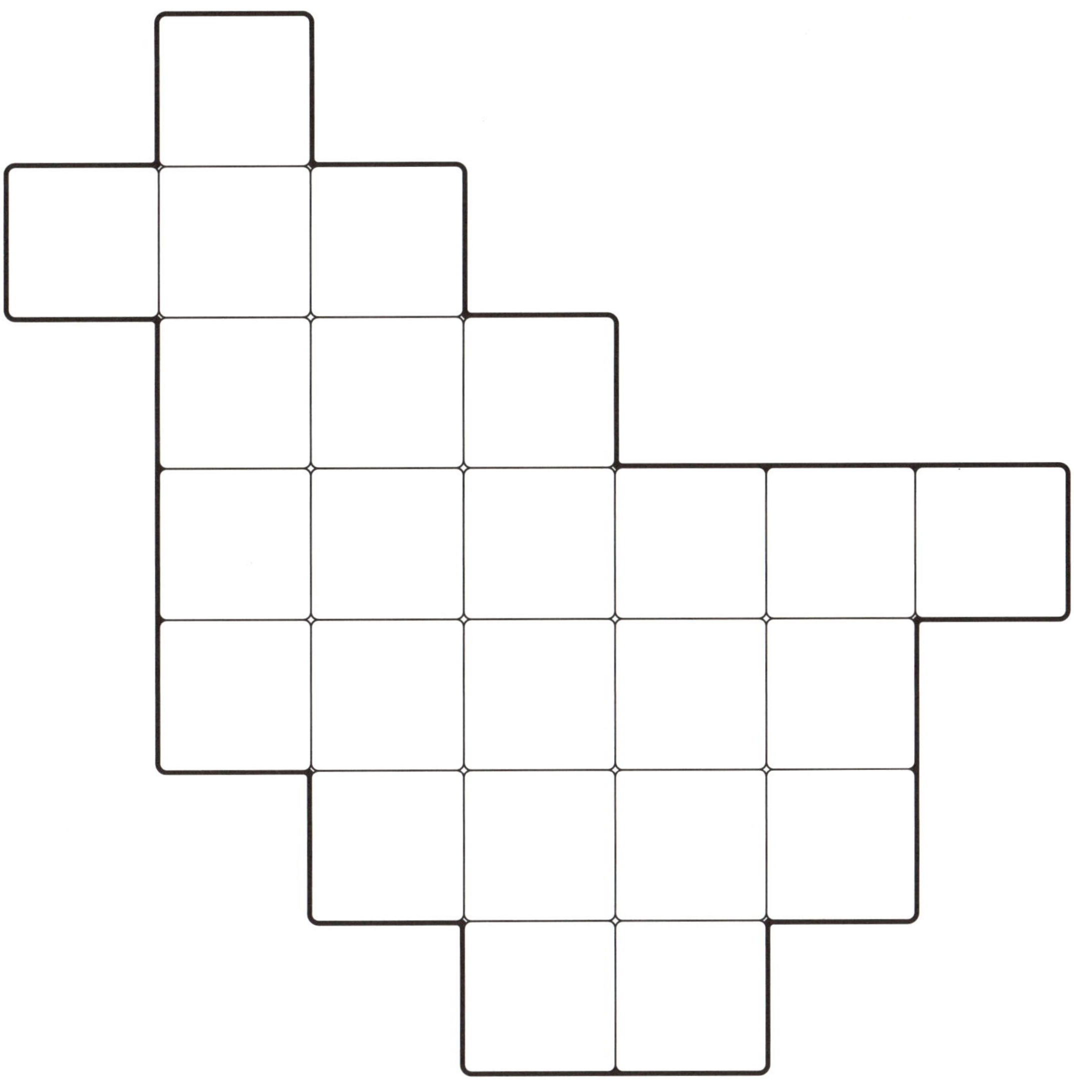

다음 그림을 보고 주어진 물음에 답하세요.

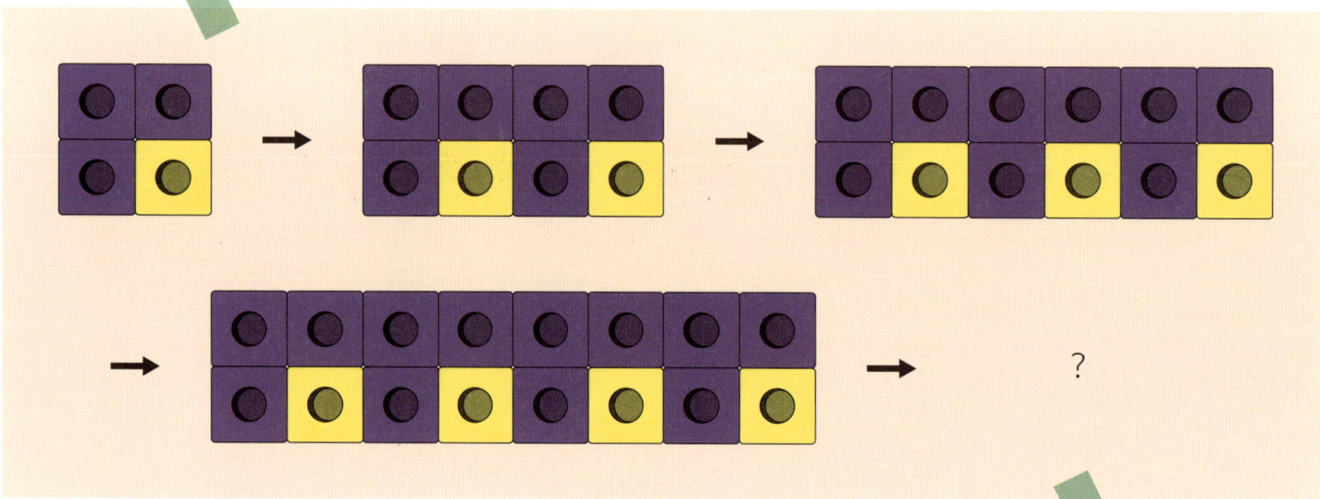

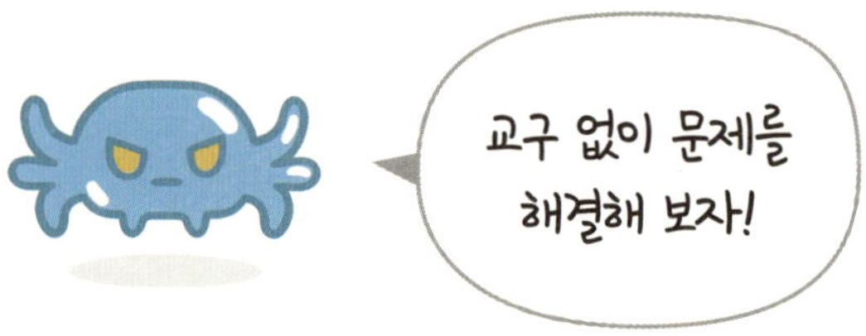

1) 표를 채워 보세요.

	1	2	3	4	5
보라색 연결큐브의 수	3	6			
노란색 연결큐브의 수	1	2			

2) 보라색과 노란색 개수 사이의 대응관계를 써 보세요.

다음 그림을 보고 주어진 물음에 답하세요.

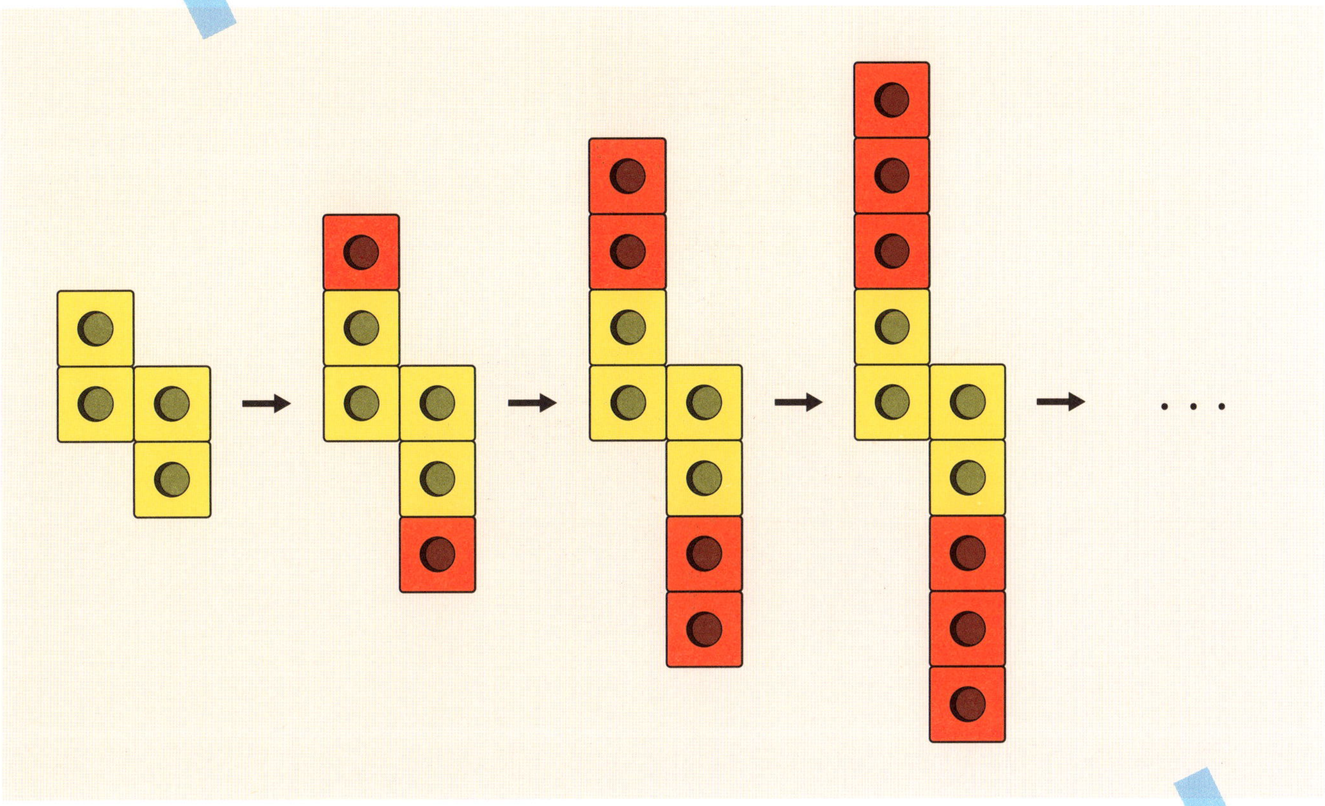

1) 변하는 부분과 변하지 않는 부분을 말해 보세요.

• 변하는 부분: ____________________

• 변하지 않는 부분 : ____________________

2) 표를 채워 보세요.

	1	2	3	4	5	• • •	10
노란색 연결큐브의 수							
빨간색 연결큐브의 수							

다음 입체 모양을 만들고 여러 방향에서 본 모양을 색칠해 보세요.

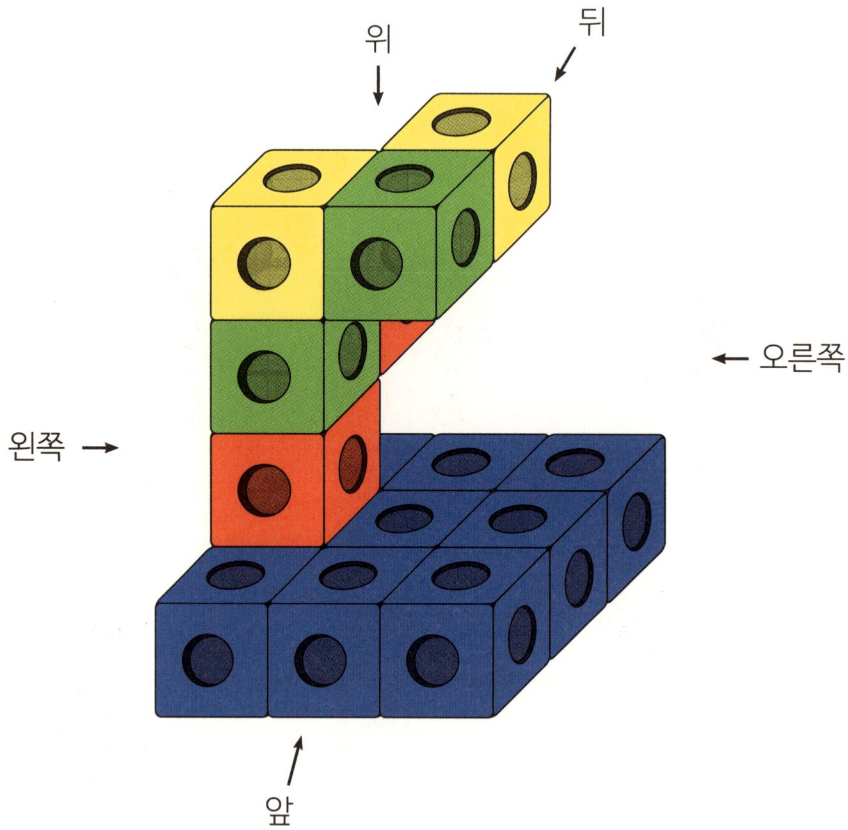

〈 앞에서 본 모양 〉

〈 뒤에서 본 모양 〉

〈 위에서 본 모양 〉

〈 오른쪽에서 본 모양 〉

〈 왼쪽에서 본 모양 〉

다음 입체 모양을 만들고 여러 방향에서 본 모양을 색칠해 보세요.

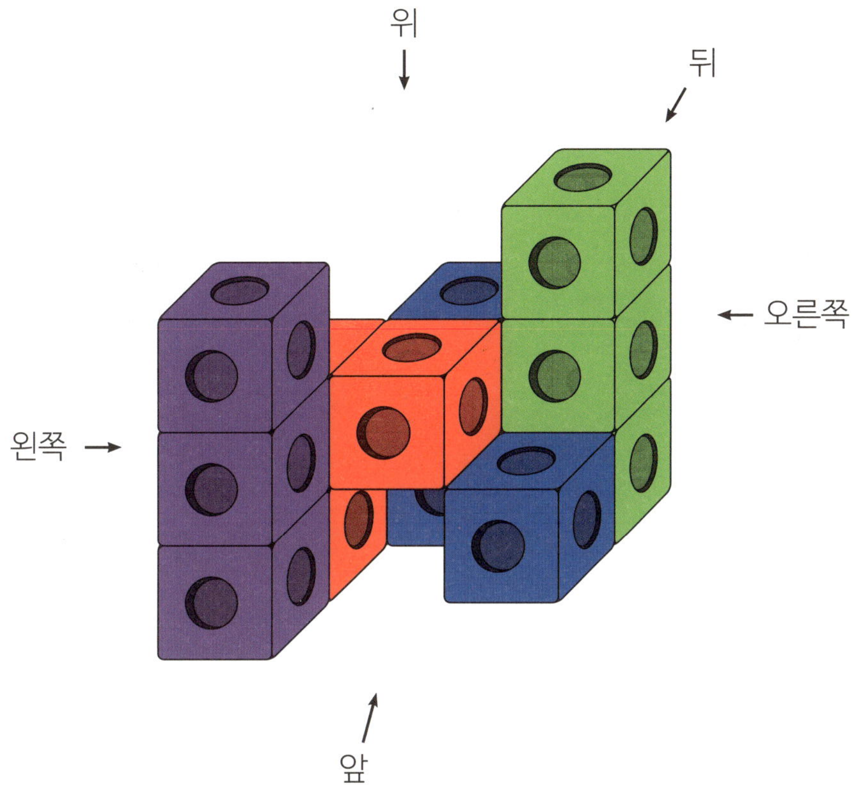

〈 위에서 본 모양 〉

〈 앞에서 본 모양 〉

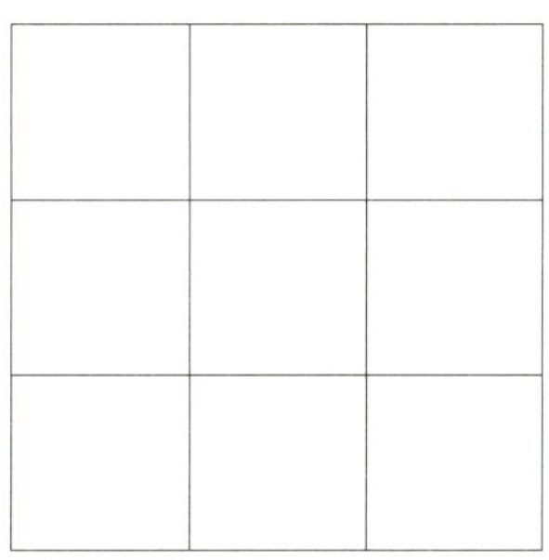

〈 뒤에서 본 모양 〉

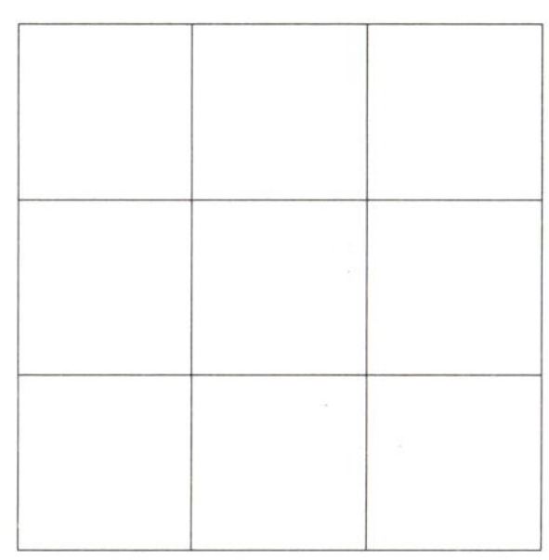

〈 오른쪽에서 본 모양 〉

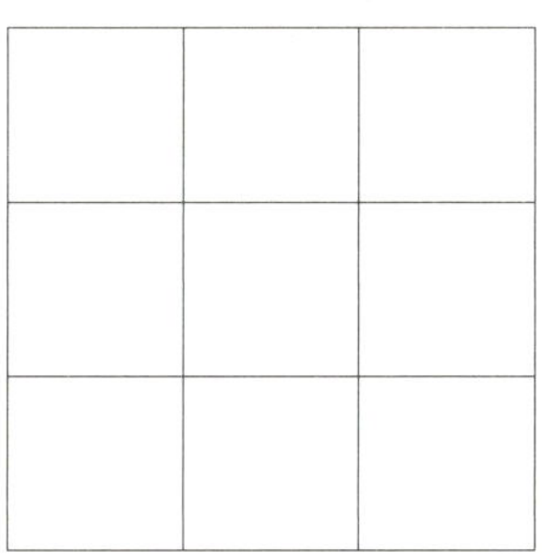

〈 왼쪽에서 본 모양 〉

다음은 순서대로 연결큐브를 끼우고 돌리는 활동입니다. 주어진 물음에 답하세요.

보기

(가) (나) (다)

(가) 큐브의 방향을 잘 살펴서 끼웁니다.

(나) ◌ 표시된 부분을 잡고 돌리면 (다) 모양이 됩니다.

왼쪽 모양을 만들고, 한 번 돌려서 오른쪽 모양이 되려면 어디를 돌리면 되는지 ○ 하세요.

1)

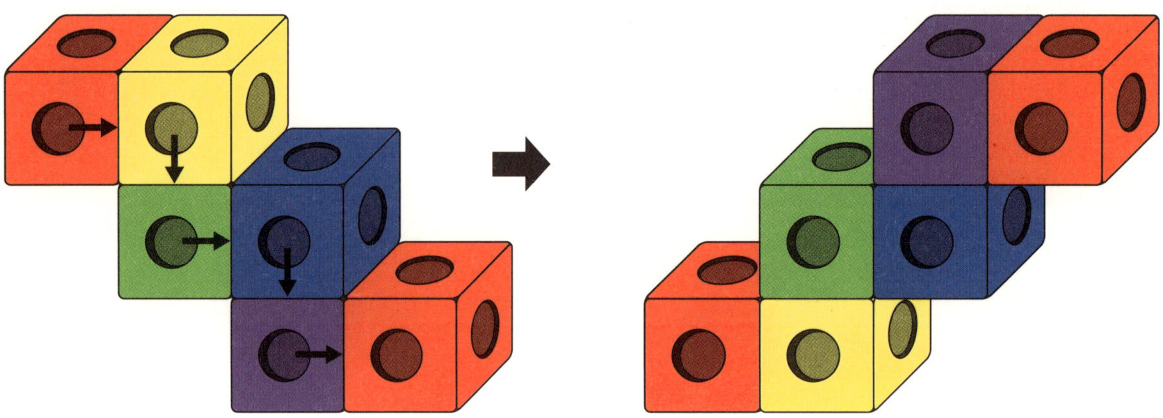

왼쪽 모양을 만들고, 한 번 돌려서 오른쪽 모양이 되려면 어디를 돌리면 되는지 ○ 하세요.

2)

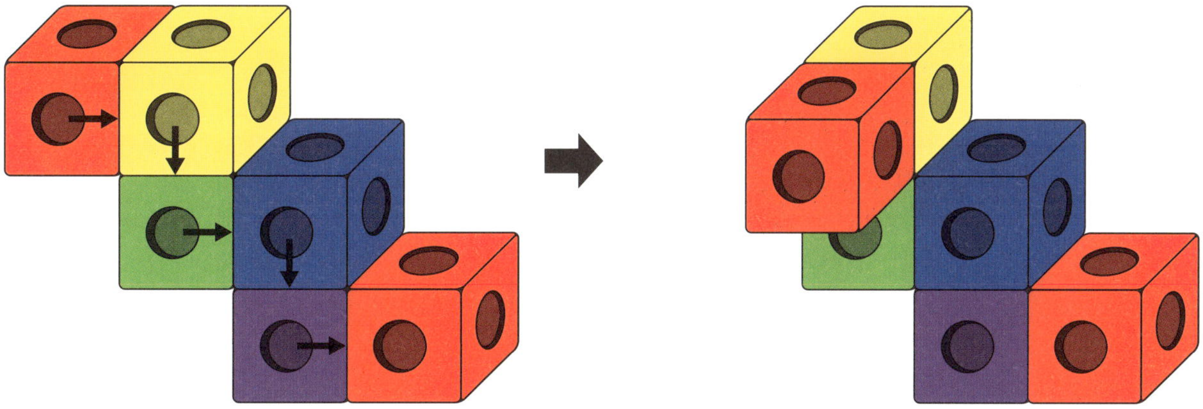

3)

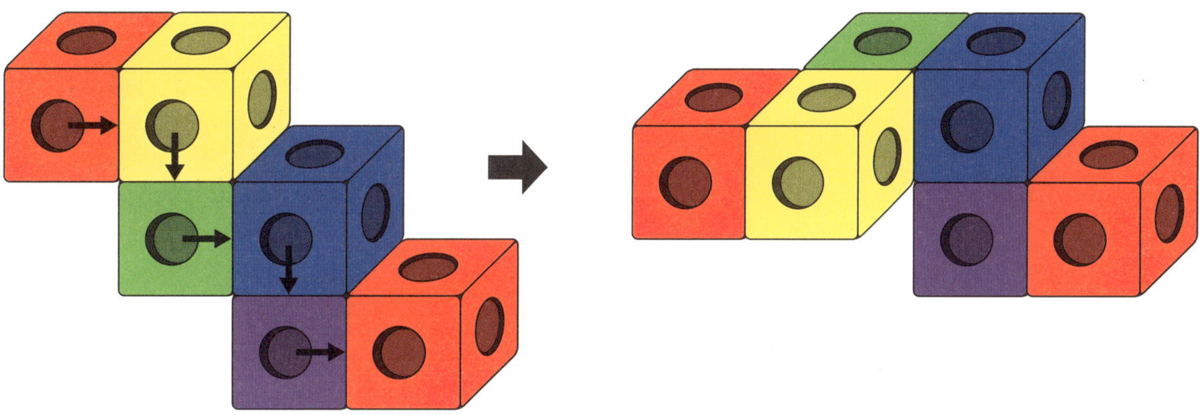

4)

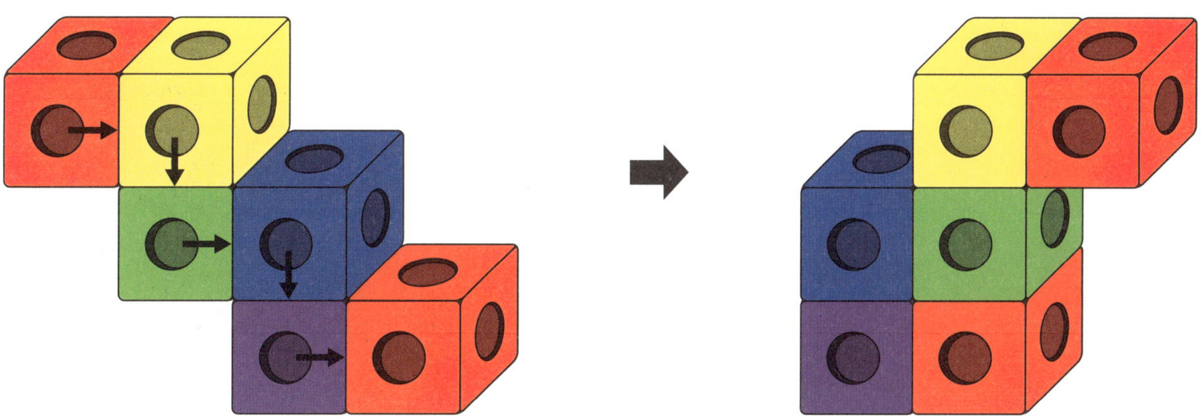

8. 연결큐브 변신 2

도형

상자 안의 모양을 만든 후 차례대로 변신해 보세요.

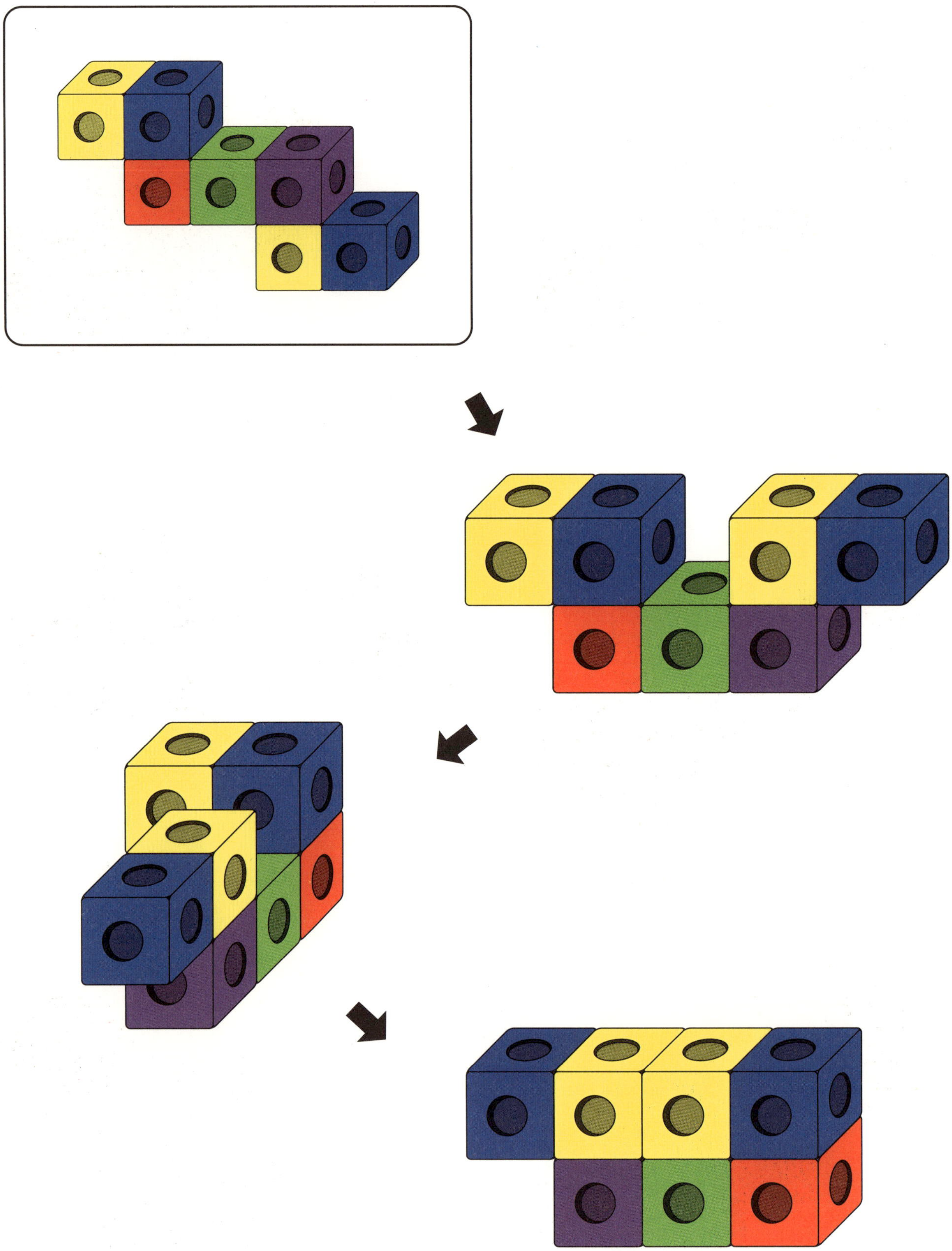

상자 안의 모양을 만든 후 차례대로 변신해 보세요.

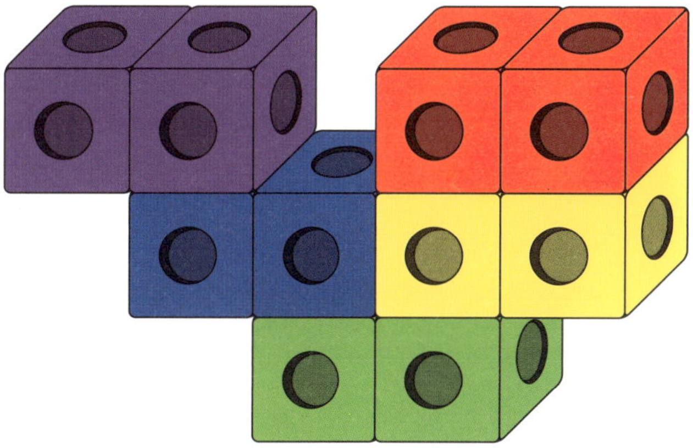

9. 연결큐브 빌딩 1

다음과 같이 연결큐브를 연결하여 빌딩을 만들고 아래 숫자에 맞게 놓아 보세요.

1	2

2	3

3	4

4	1

1 2 의 의미는  입니다.

뒤 ↓

2	1	
3	4	1
4	2	3

왼쪽 → ← 오른쪽

↑ 앞

빌딩을 완성하고 앞, 뒤, 오른쪽, 왼쪽에서 본 모양을 색칠해 보세요.

〈 앞에서 본 모양 〉 〈 뒤에서 본 모양 〉 〈 오른쪽에서 본 모양 〉 〈 왼쪽에서 본 모양 〉

다음과 같이 연결큐브를 연결하여 빌딩을 만들고 아래 숫자에 맞게 놓아 보세요.

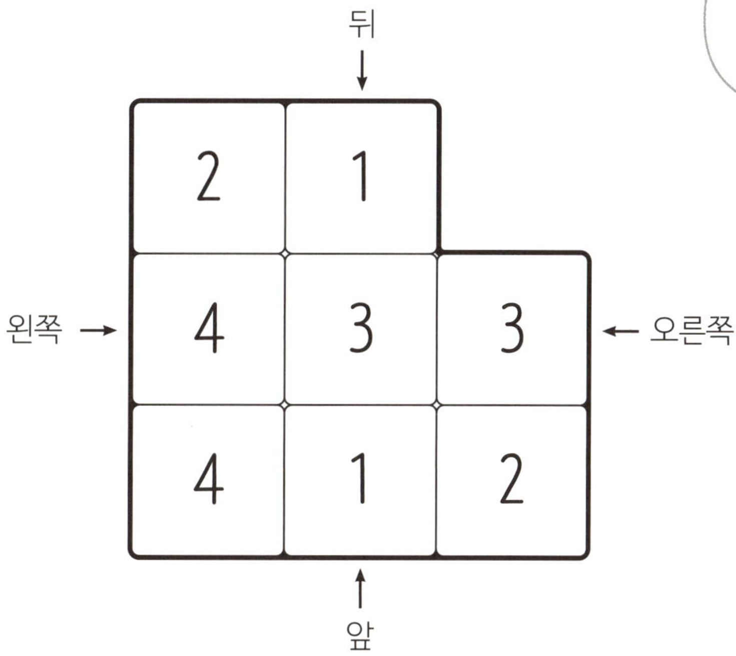

빌딩을 완성하고 앞, 뒤, 오른쪽, 왼쪽에서 본 모양을 색칠해 보세요.

〈 앞에서 본 모양 〉 〈 뒤에서 본 모양 〉 〈 오른쪽에서 본 모양 〉 〈 왼쪽에서 본 모양 〉

다음과 같이 연결큐브를 연결하여 빌딩을 만들고 아래 숫자에 맞게 놓아 보세요.

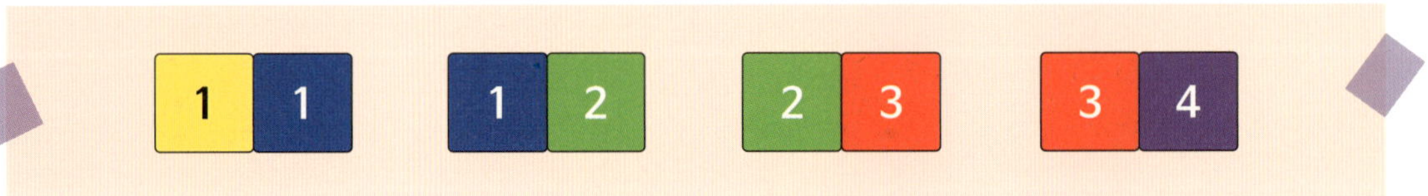

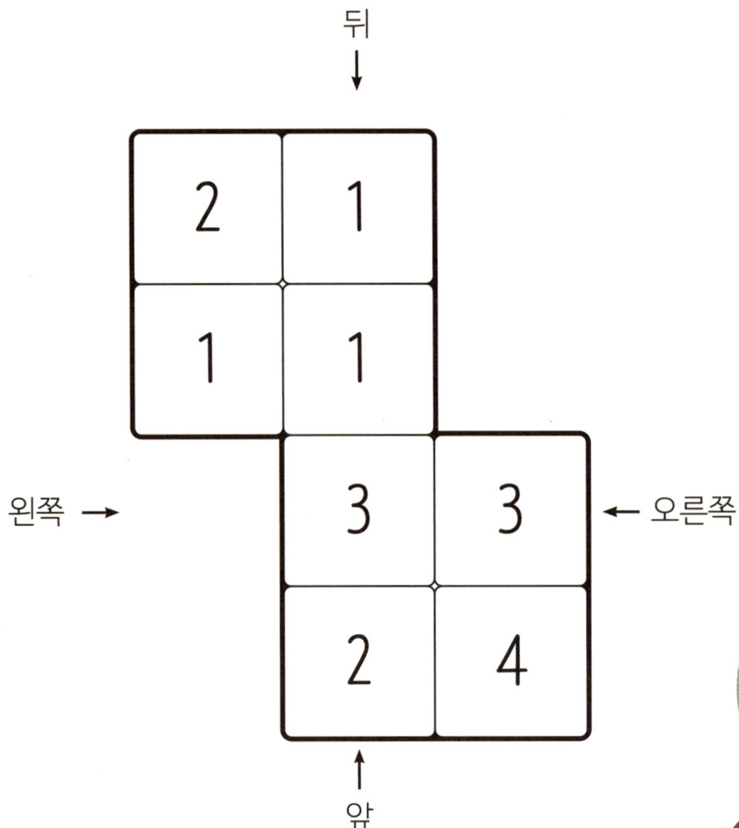

빌딩을 완성하고 앞, 뒤, 오른쪽, 왼쪽에서 본 모양을 색칠해 보세요.

〈 앞에서 본 모양 〉

〈 뒤에서 본 모양 〉

〈 오른쪽에서 본 모양 〉

〈 왼쪽에서 본 모양 〉

다음과 같이 연결큐브를 연결하여 빌딩을 만들고 아래 숫자에 맞게 놓아 보세요.

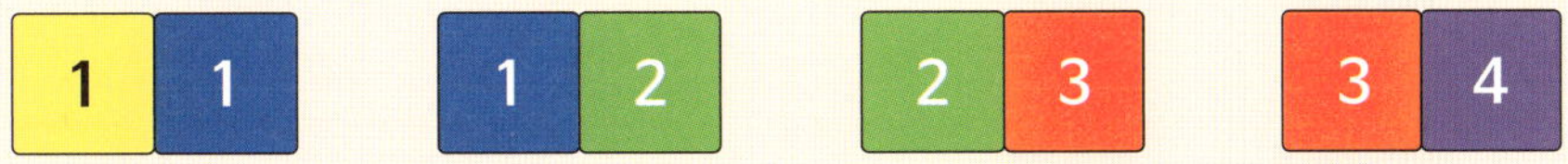

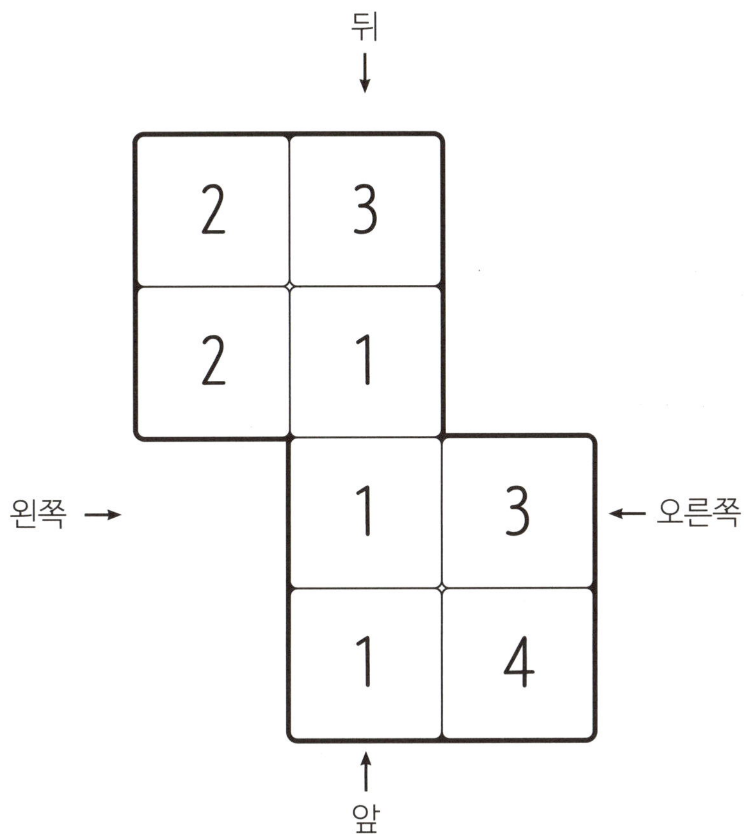

빌딩을 완성하고 앞, 뒤, 오른쪽, 왼쪽에서 본 모양을 색칠해 보세요.

〈 앞에서 본 모양 〉 〈 뒤에서 본 모양 〉 〈 오른쪽에서 본 모양 〉 〈 왼쪽에서 본 모양 〉

다음 도형을 시계 방향으로 90° (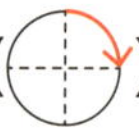)씩 돌린 모양을 그려 보세요.

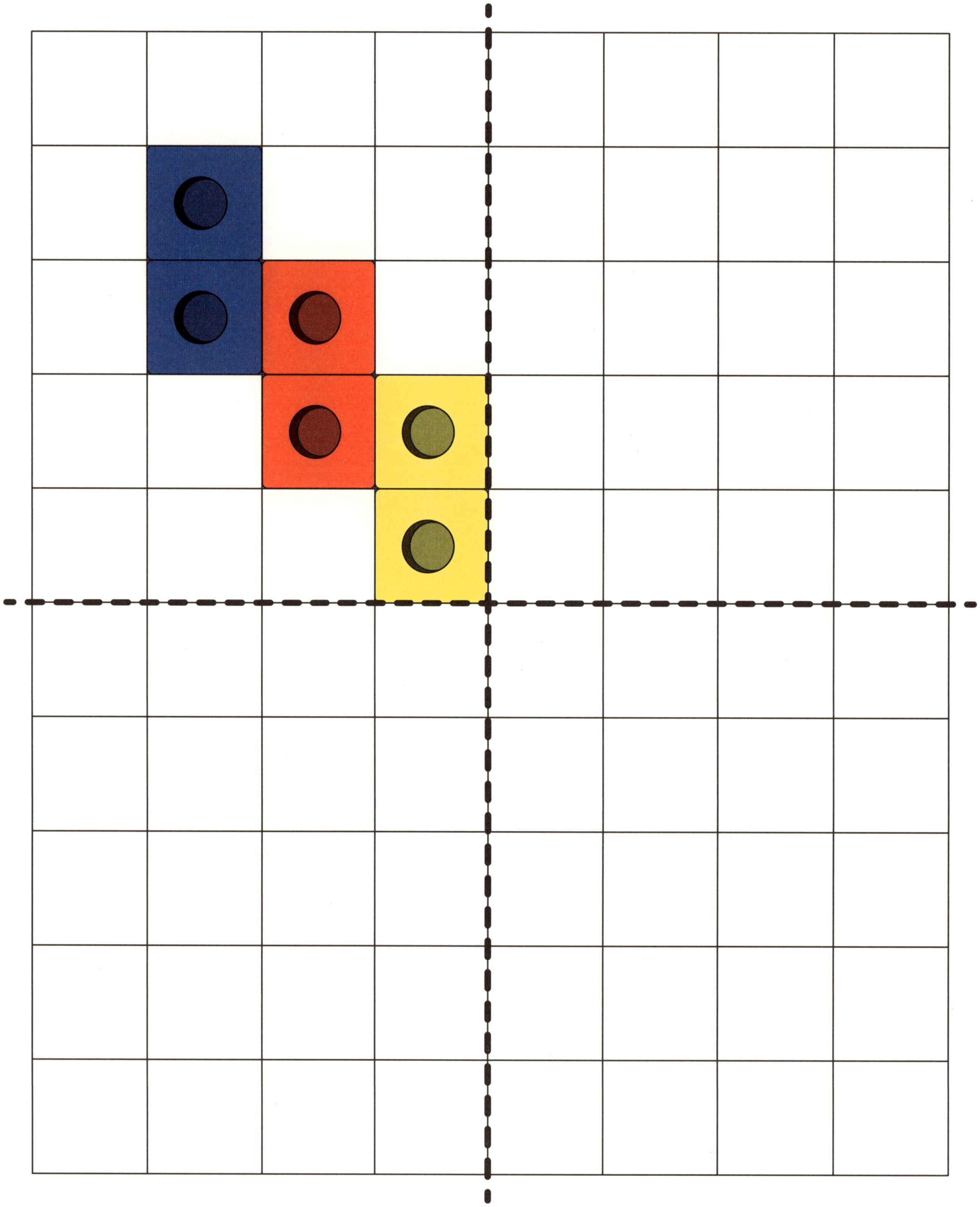

다음 도형을 시계 반대 방향으로 90°( )씩 돌린 모양을 그려 보세요.

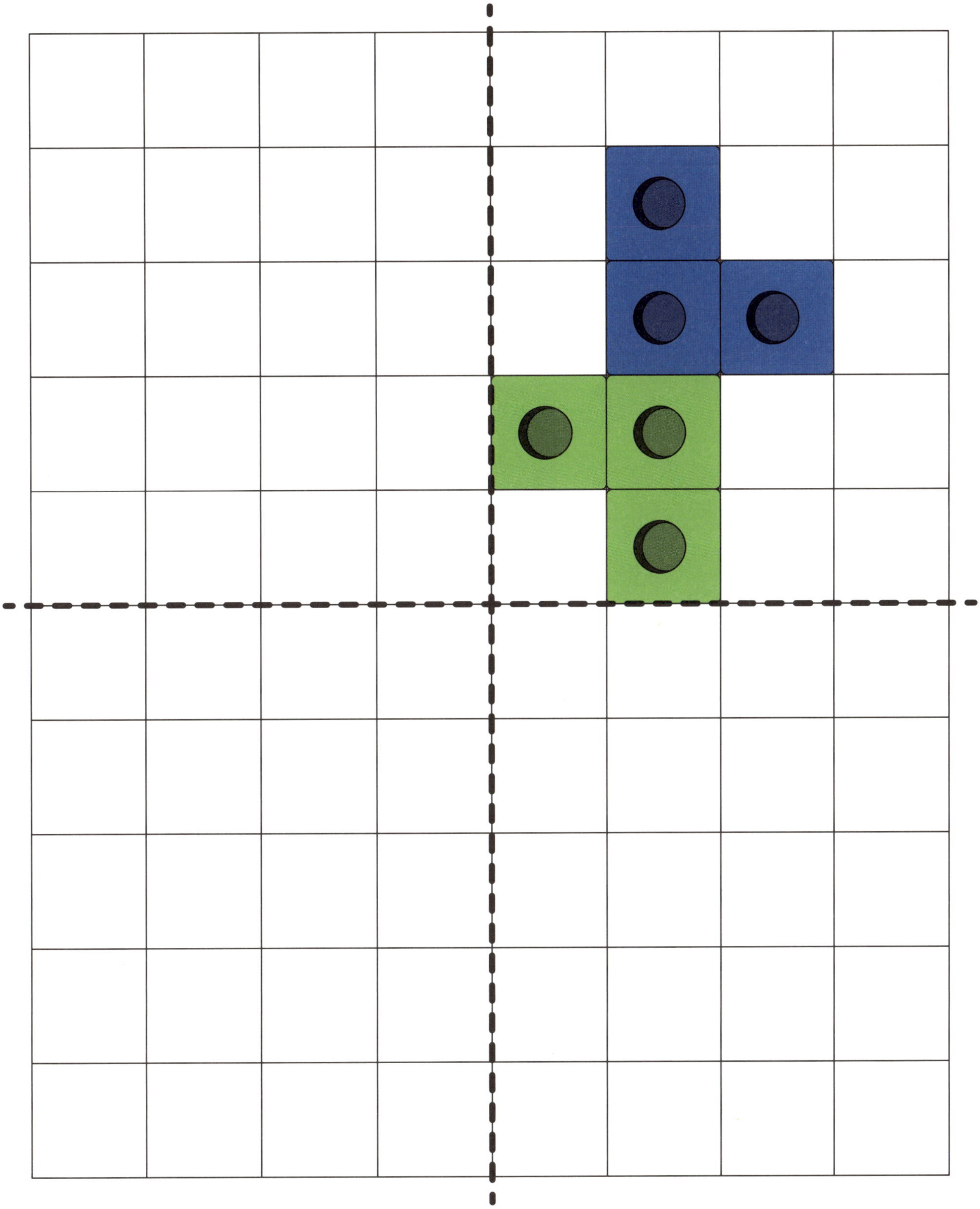

㉮에서 ㉯로 변신하려면 어디를 돌려야 할까요? ◯ 해 보세요.

㉮

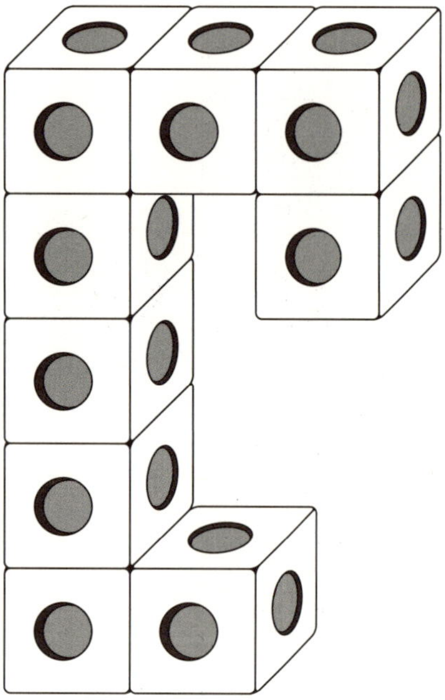

㉯

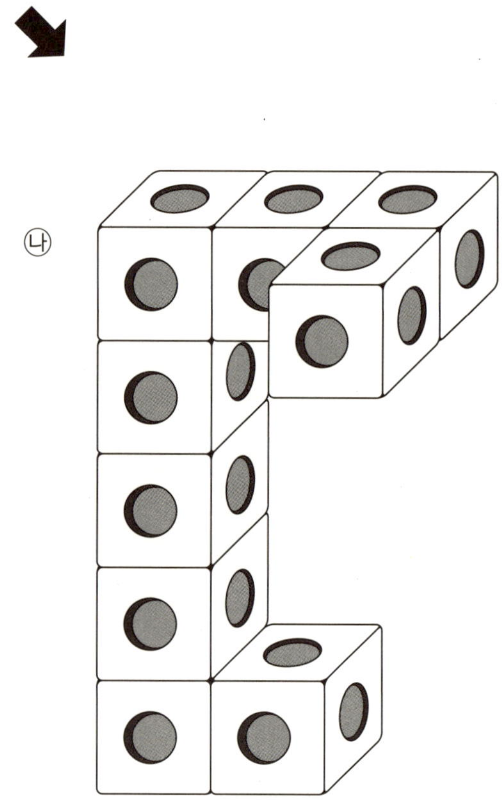

㉰에서 ㉱로 변신하려면 어디를 돌려야 할까요? ○ 해 보세요.

㉰

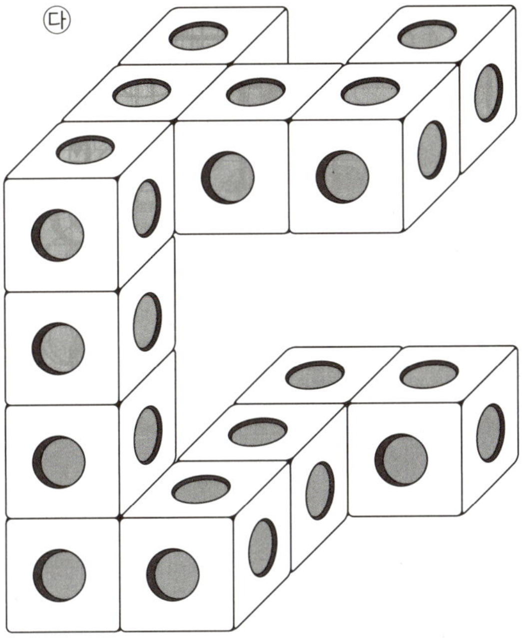

㉱

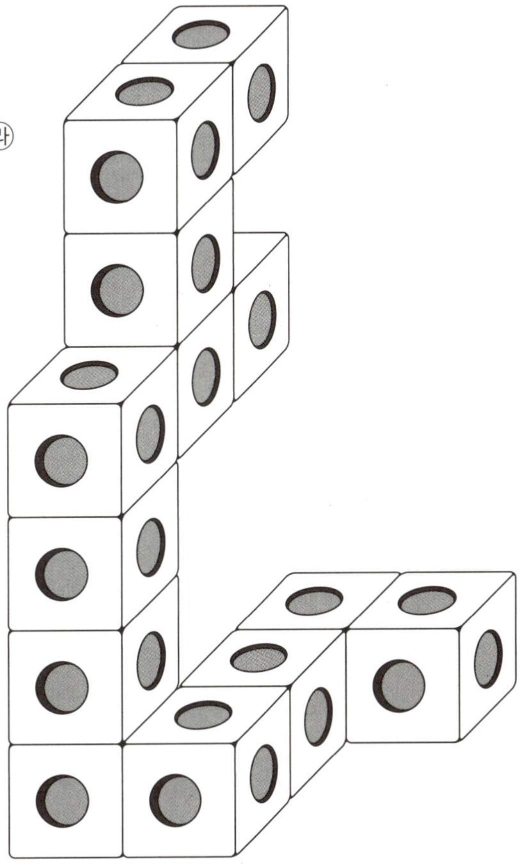

㉮에서 ㉯로 변신하려면 어디를 돌려야 할까요? ◯ 해 보세요.

㉮

㉯

㉰에서 ㉱로 변신하려면 어디를 돌려야 할까요? ◯ 해 보세요.

㉰

㉱

연결큐브 9개로 만든 입체 모양을 위, 앞, 옆에서 본 그림입니다. 만든 모양이 가능한 답을 모두 찾아보세요.

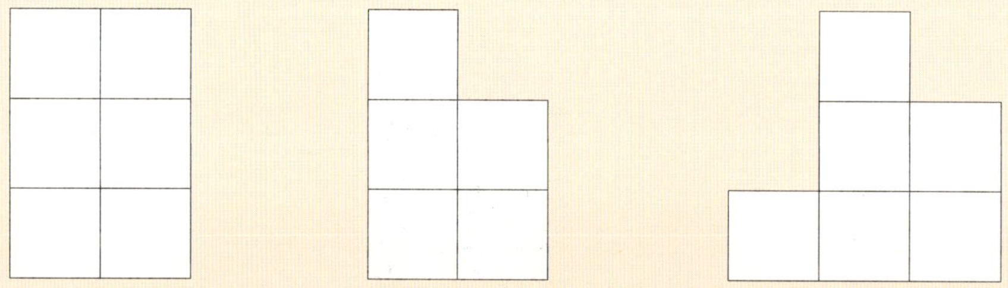

〈 위에서 본 모양 〉 〈 앞에서 본 모양 〉 〈 옆에서 본 모양 〉

가)

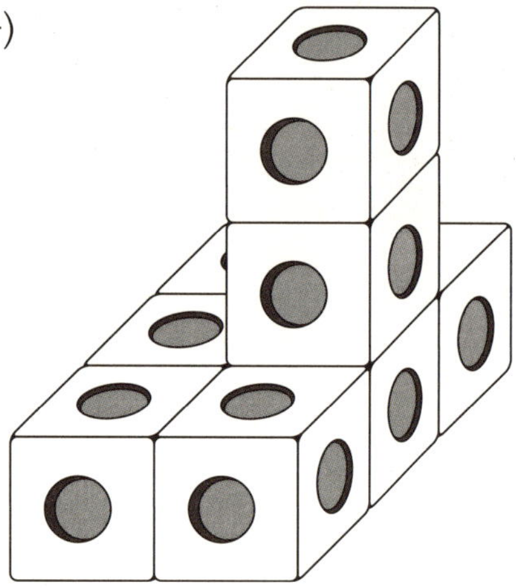

나)

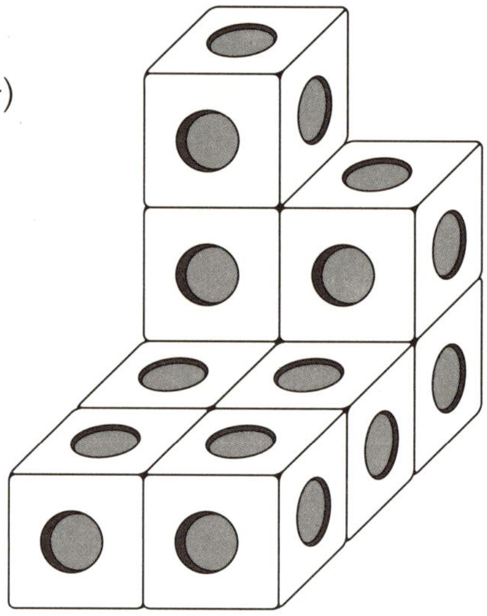

다)

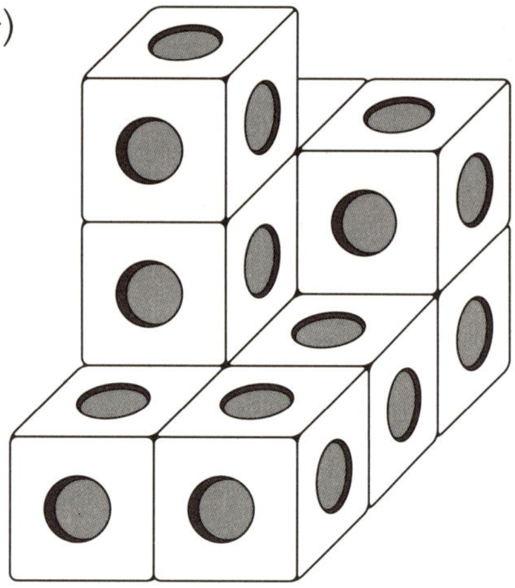

라)

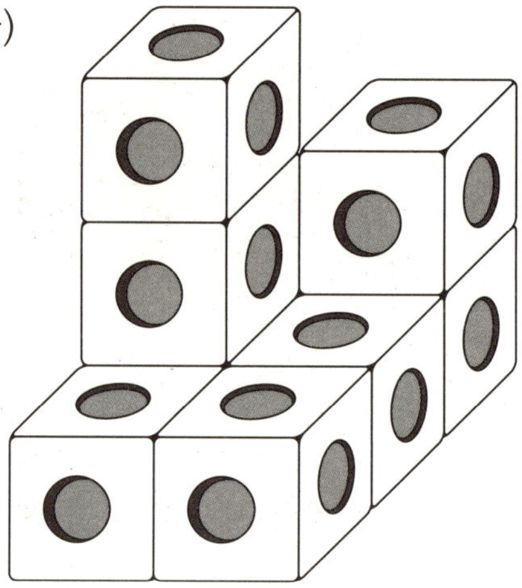

연결큐브 10개로 만든 입체 모양을 위, 앞, 옆에서 본 그림입니다. 만든 모양이 가능한 답을 모두 찾아보세요.

〈 위에서 본 모양 〉

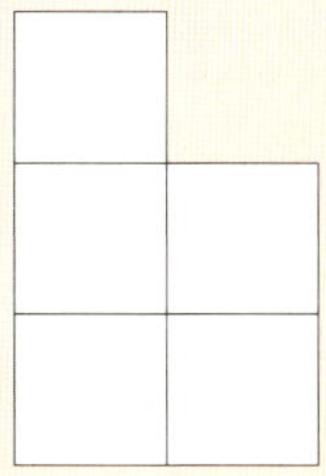

〈 앞에서 본 모양 〉

〈 옆에서 본 모양 〉

가)

나)

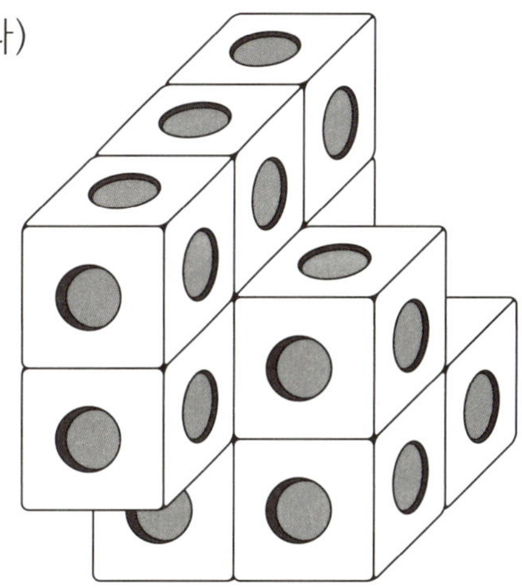

다)

라)

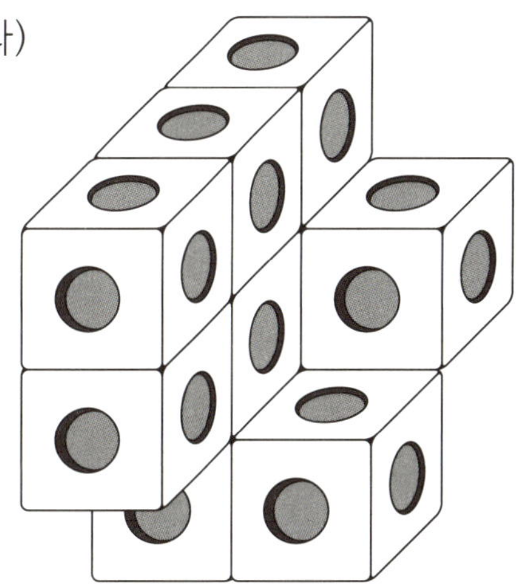

다음 입체 모양을 만들고 여러 방향에서 본 모양의 개수를 적어보세요.

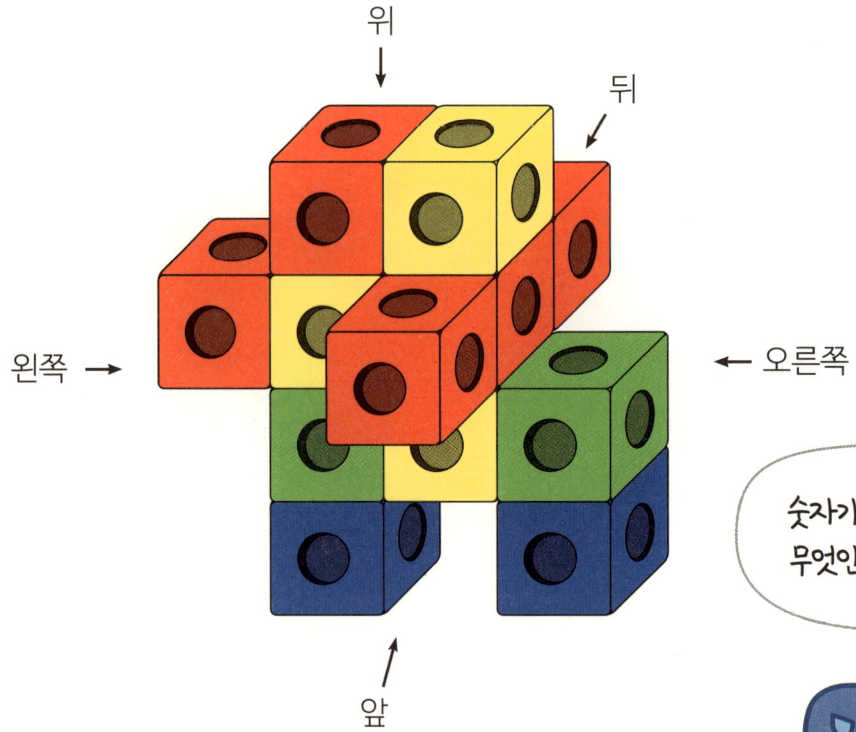

〈 위에서 본 모양 〉

〈 앞에서 본 모양 〉

	1		
	1		

〈 뒤에서 본 모양 〉

〈 오른쪽에서 본 모양 〉

	3	1

〈 왼쪽에서 본 모양 〉

다음 입체 모양을 만들고 여러 방향에서 본 모양의 개수를 적어보세요.

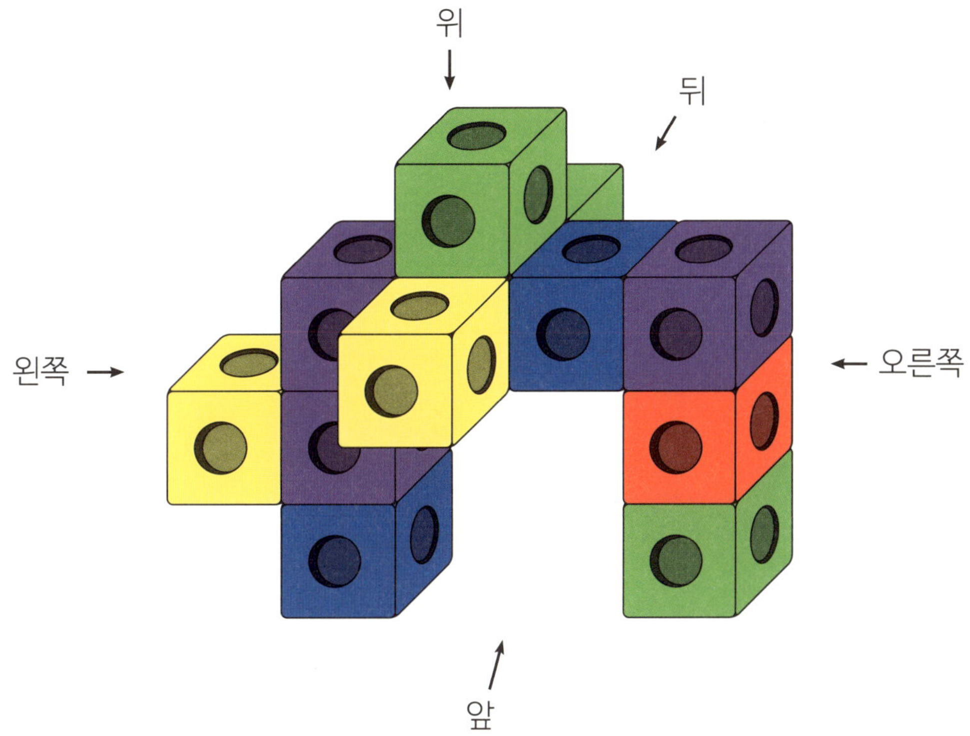

〈 위에서 본 모양 〉

〈 앞에서 본 모양 〉

	1			

〈 뒤에서 본 모양 〉

〈 오른쪽에서 본 모양 〉

〈 왼쪽에서 본 모양 〉

위, 앞, 옆에서 본 모양이 다음과 같을 때, 입체 모양을 만들어 보세요.
이때, 색깔은 생각하지 않습니다.

1) 〈 위에서 본 모양 〉

2	2
2	2

〈 앞에서 본 모양 〉

2	2
2	2

〈 옆에서 본 모양 〉

2	2
2	2

2) 〈 위에서 본 모양 〉

1	2
2	1

〈 앞에서 본 모양 〉

1	2
2	1

〈 옆에서 본 모양 〉

2	1
1	2

위, 앞, 옆에서 본 모양이 다음과 같을 때, 입체 모양을 만들어 보세요.
이때, 색깔은 생각하지 않습니다.

3)

〈 위에서 본 모양 〉

1	1	2
1	0	1
2	1	1

〈 앞에서 본 모양 〉

3	1	1
1	1	3

〈 옆에서 본 모양 〉

1	1	3
3	1	1

4)

〈 위에서 본 모양 〉

3	2	3
2	0	2
3	2	3

〈 앞에서 본 모양 〉

3	2	3
2	0	2
3	2	3

〈 옆에서 본 모양 〉

3	2	3
2	0	2
3	2	3

연결큐브 10개를 사용하여 입체 모양을 만들고, 주어진 물음에 답하세요.

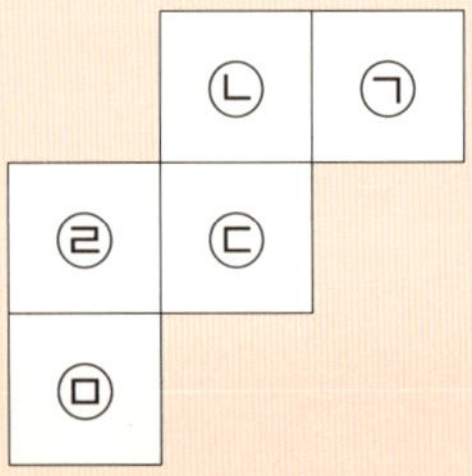

〈 위에서 본 모양 〉

〈 앞에서 본 모양 〉

〈 옆에서 본 모양 〉

1) 위에서 본 모양에 쌓인 연결큐브는 각각 몇 개인지 개수를 구해 보세요.

	㉠	㉡	㉢	㉣	㉤	합계
연결큐브의 개수(개)						

2) 각 층별 연결큐브를 쌓은 모양을 나타내어 보세요.

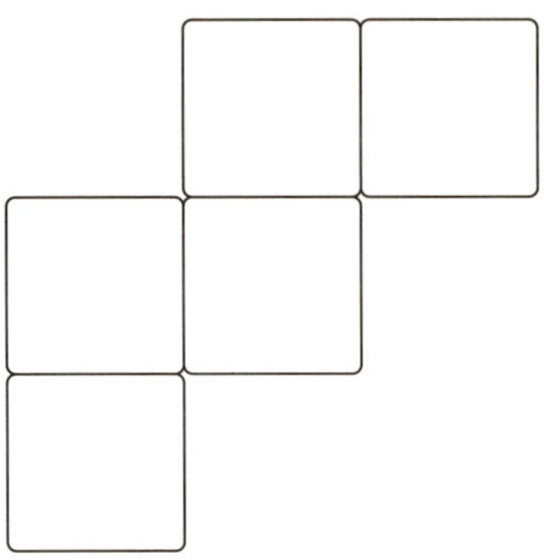

〈 1층 〉

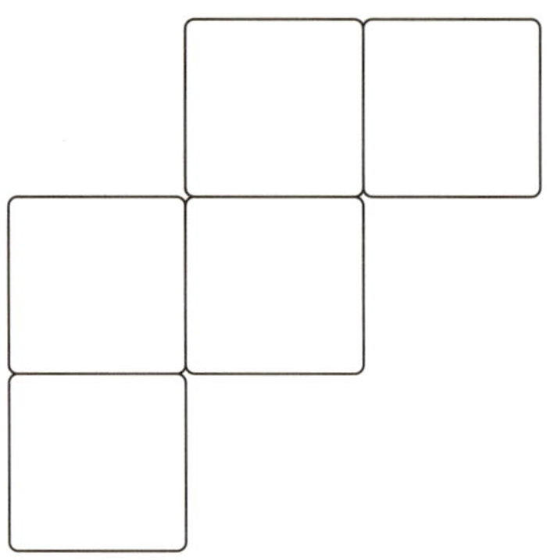

〈 2층 〉

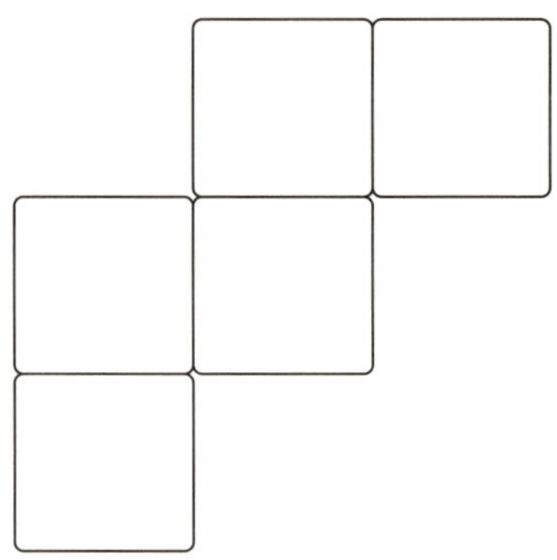

〈 3층 〉

연결큐브 13개를 사용하여 입체 모양을 만들고, 주어진 물음에 답하세요.

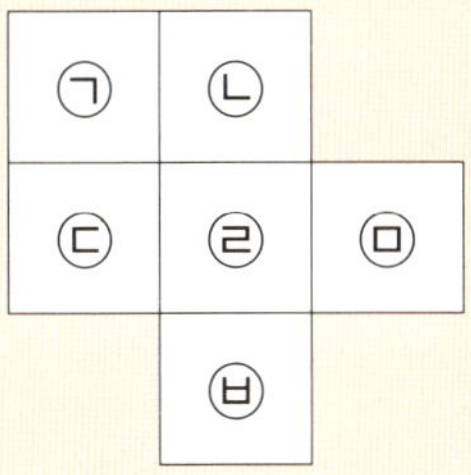

〈 위에서 본 모양 〉

〈 앞에서 본 모양 〉

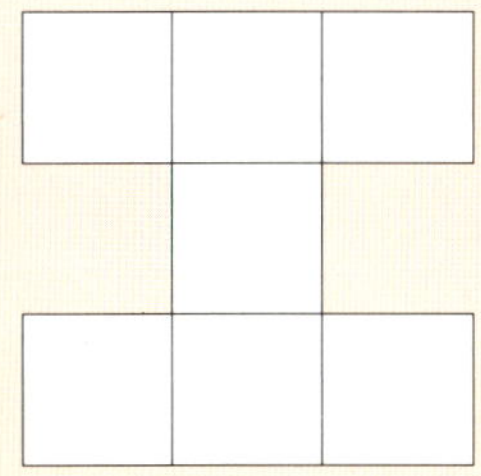
〈 옆에서 본 모양 〉

1) 위에서 본 모양에 쌓인 연결큐브는 각각 몇 개인지 개수를 구해 보세요.

	㉠	㉡	㉢	㉣	㉤	㉥	합계
연결큐브의 개수(개)							

2) 각 층별 연결큐브를 쌓은 모양을 나타내어 보세요.

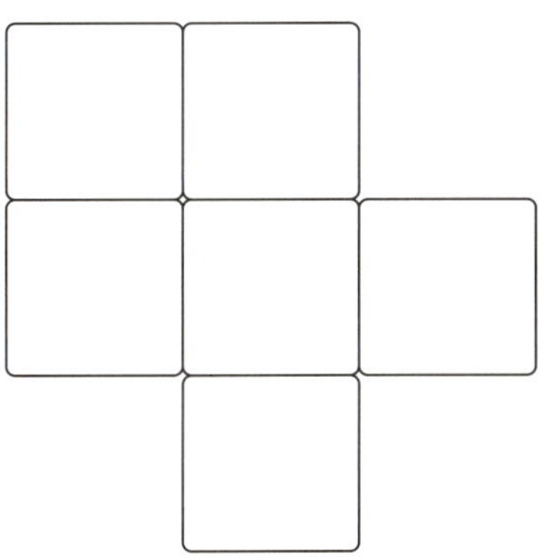
〈 1층 〉

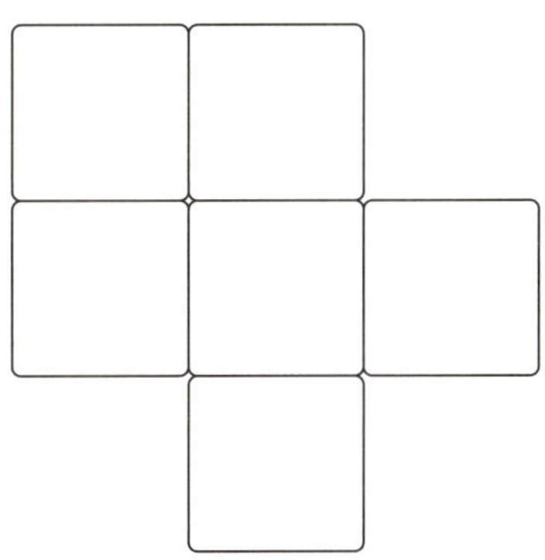
〈 2층 〉

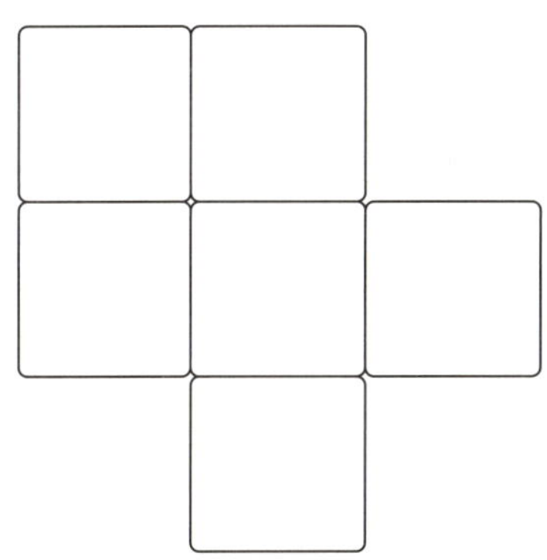
〈 3층 〉

18. 최대, 최소 개수 구하기 1

도형

다음 모양을 만드는데 필요한 연결큐브의 최대, 최소개수를 구해보세요.

1)

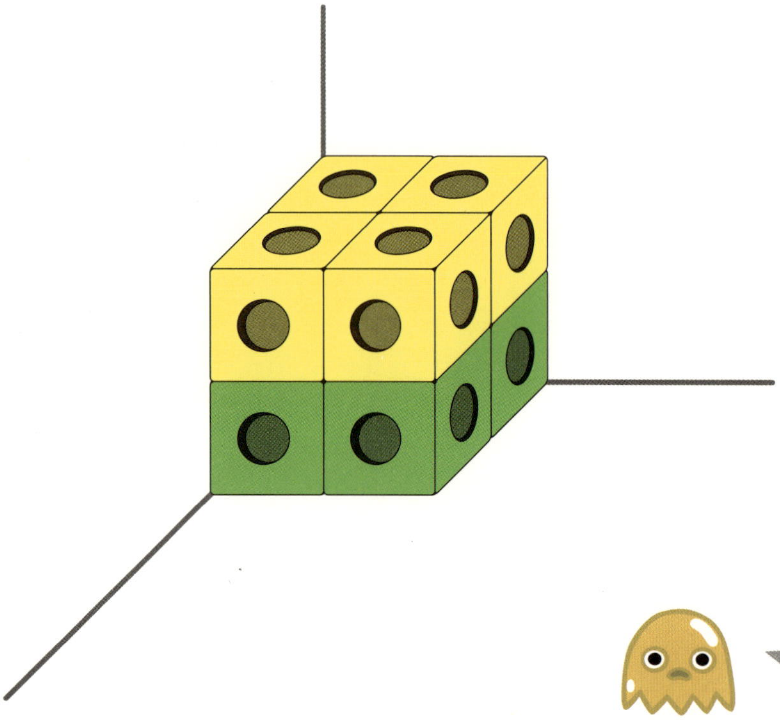

최대 : ________________ 개

최소 : ________________ 개

2)

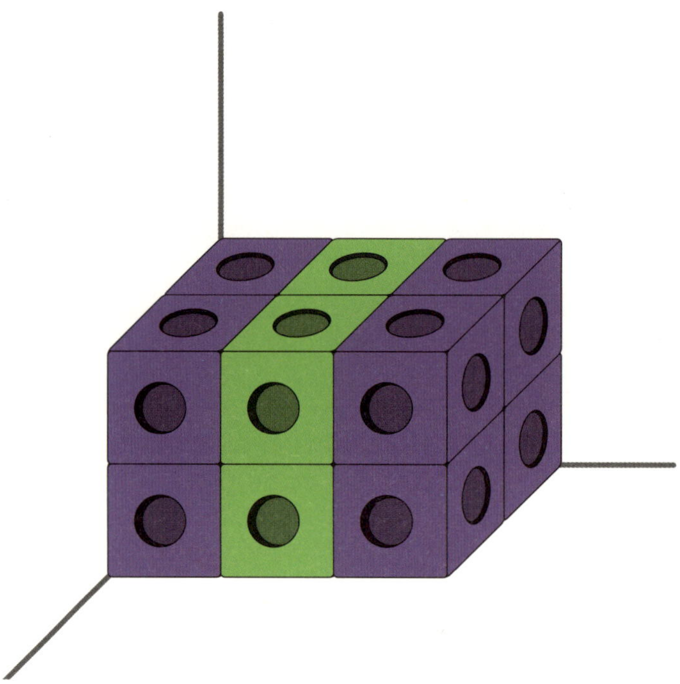

최대 : ________________ 개

최소 : ________________ 개

다음 모양을 만드는데 필요한 연결큐브의 최대, 최소개수를 구해보세요.

3)

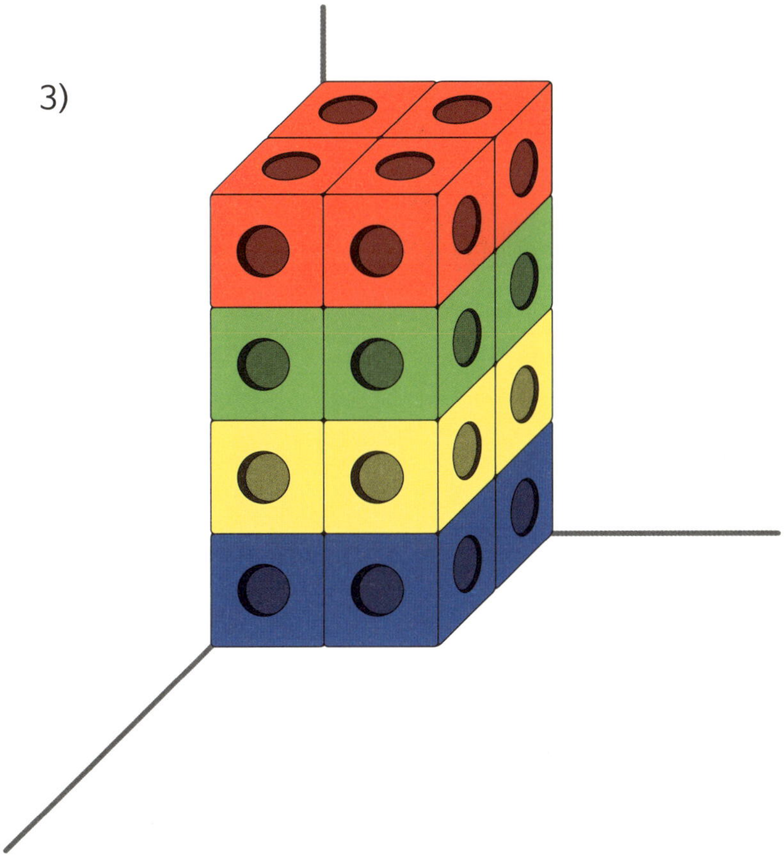

최대 : __________ 개

최소 : __________ 개

4)

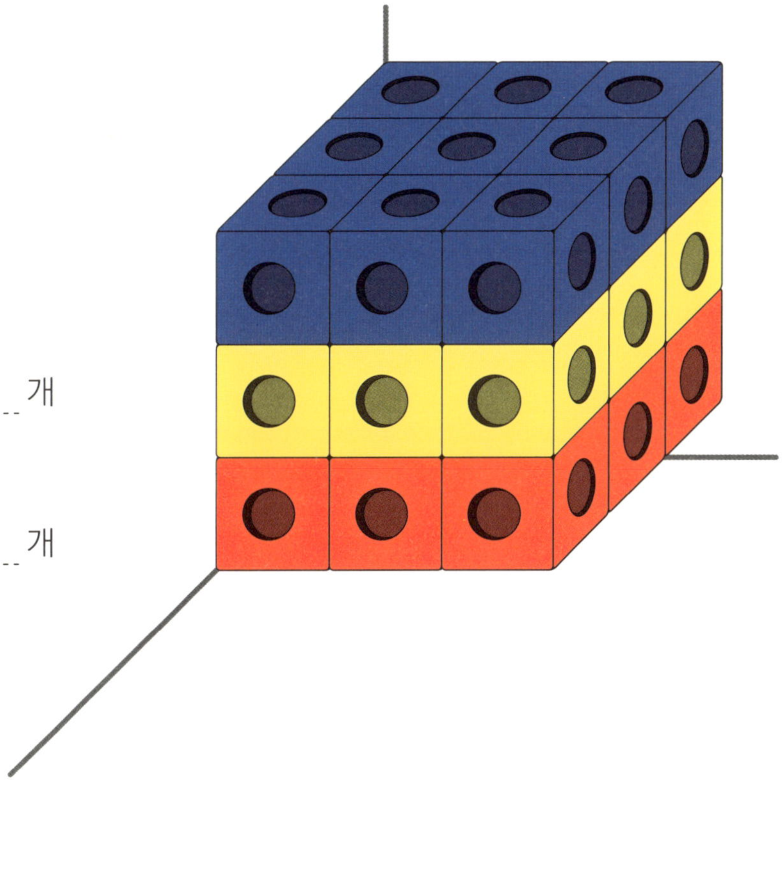

최대 : __________ 개

최소 : __________ 개

연결큐브로 다음 조각을 만든 후, 제시된 모양을 맞추어 보세요.

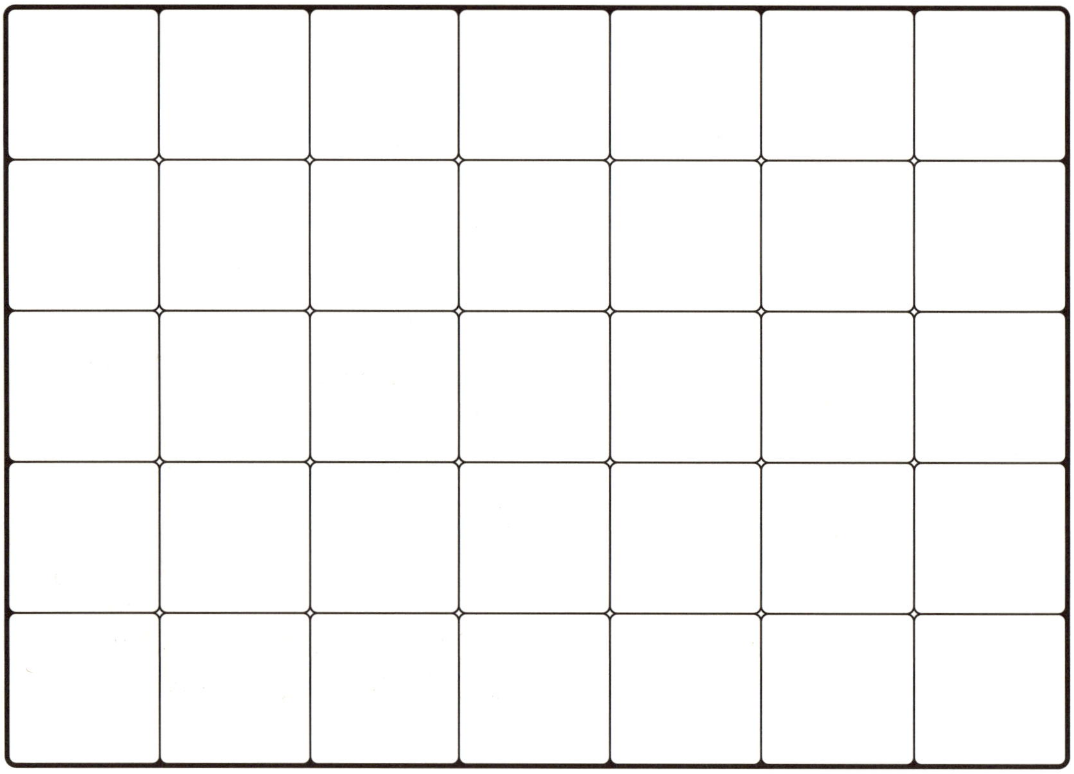

연결큐브로 다음 조각을 만든 후, 제시된 모양을 맞추어 보세요.

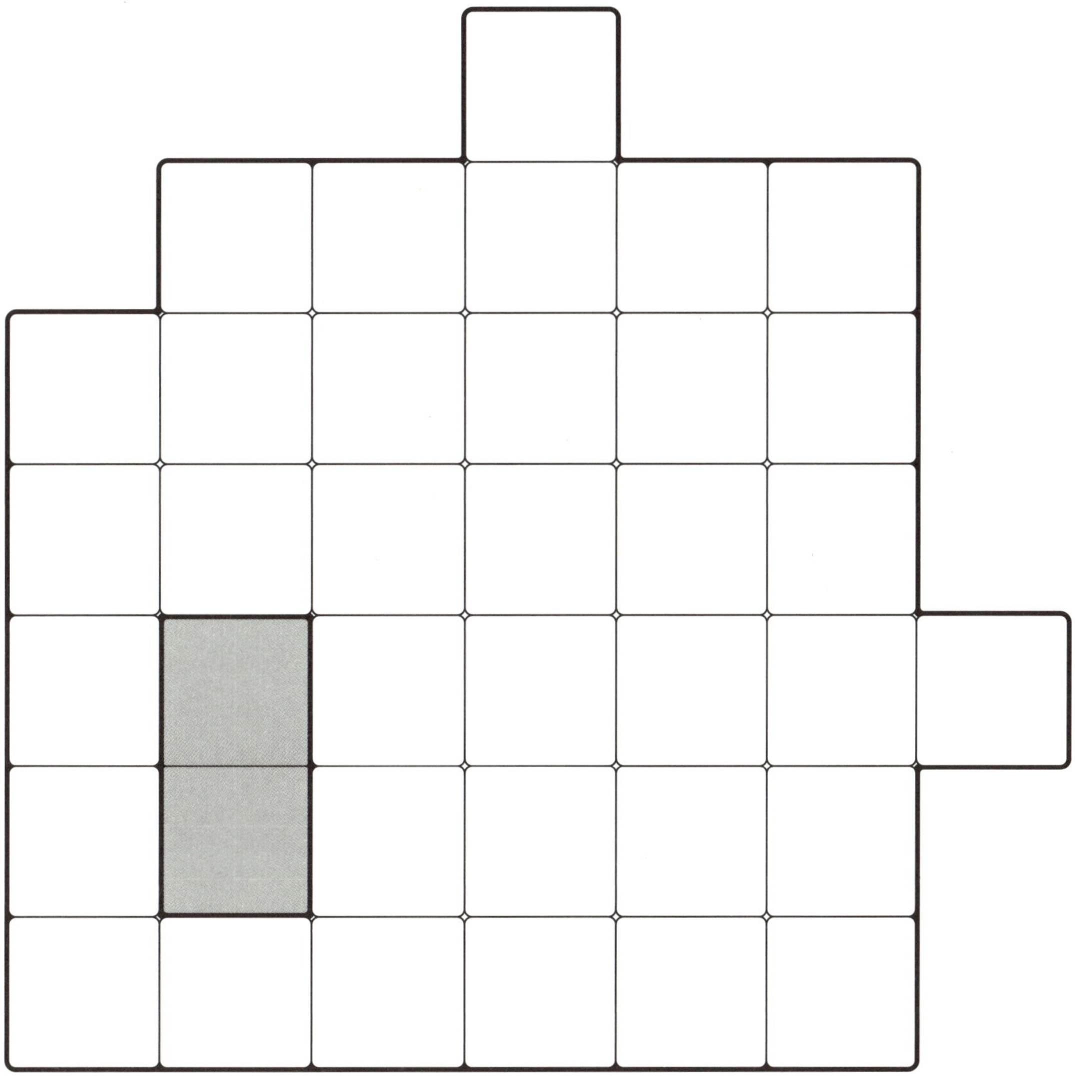

20. 최대, 최소 개수 구하기 2

다음 모양을 만드는데 필요한 연결큐브의 최대, 최소개수를 구해보세요.

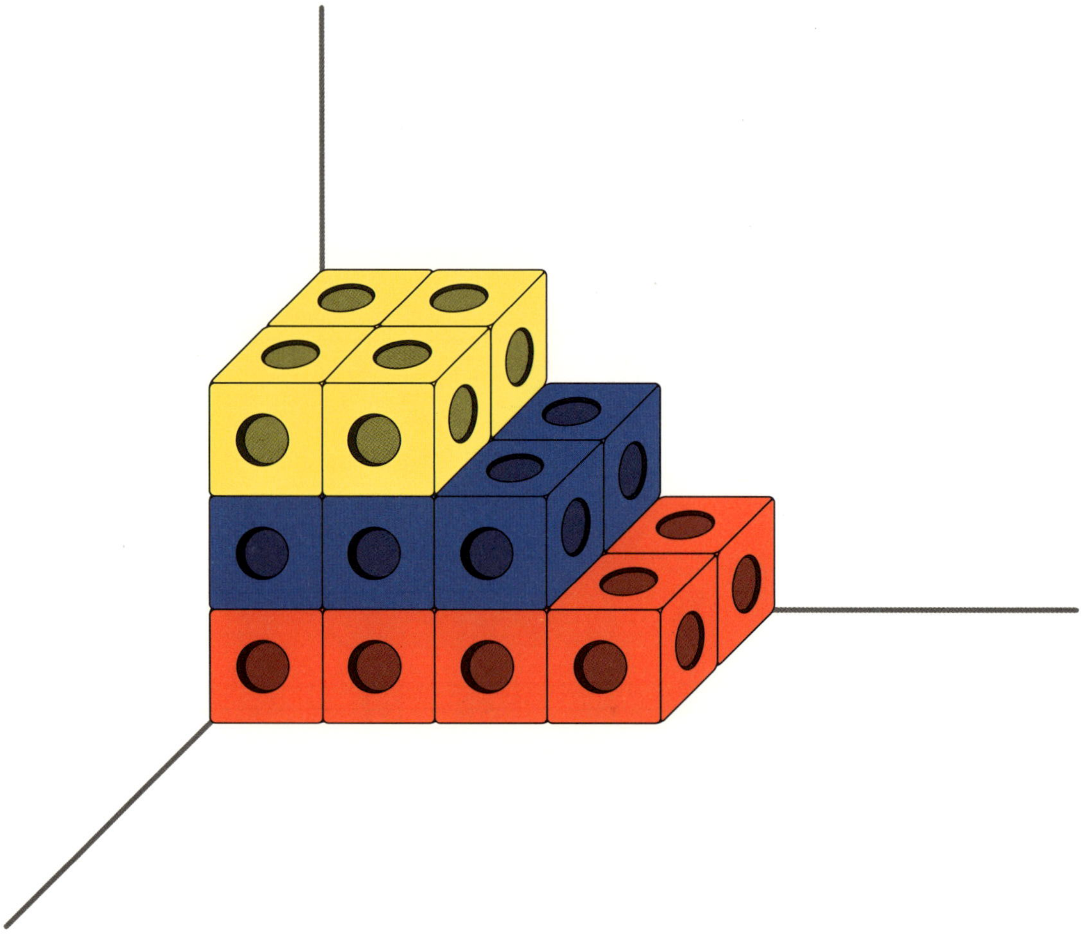

최대 ________ 개

최소 ________ 개

다음 모양을 만드는데 필요한 연결큐브의 최대, 최소개수를 구해보세요.

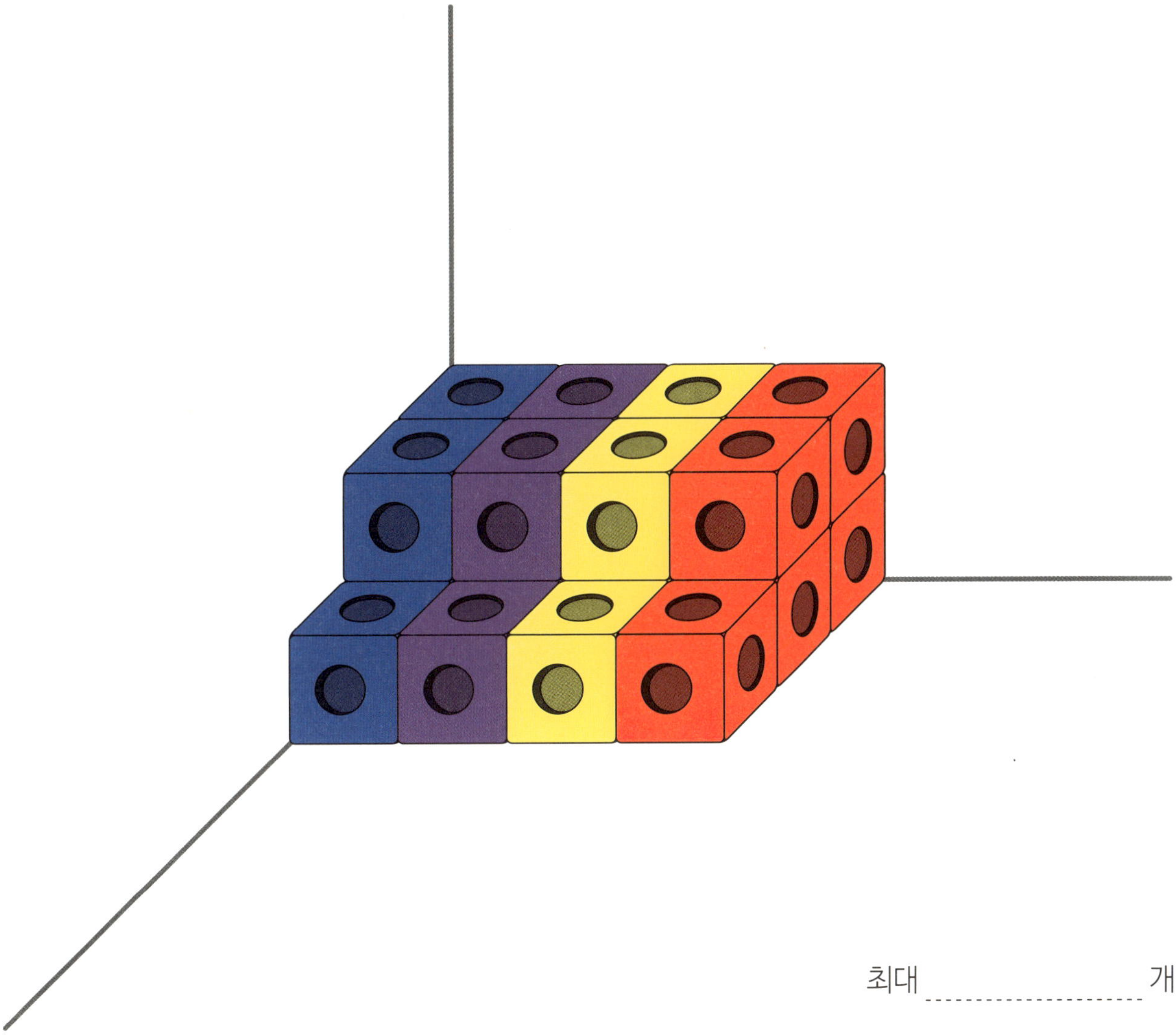

최대 ______ 개

최소 ______ 개

정답 제시된 방법 외에 다양한 답이 나올 수 있습니다.

p.6

1. 연결큐브 구성 알기

자료와 가능성

같은 색을 찾아 올려놓아 보세요.

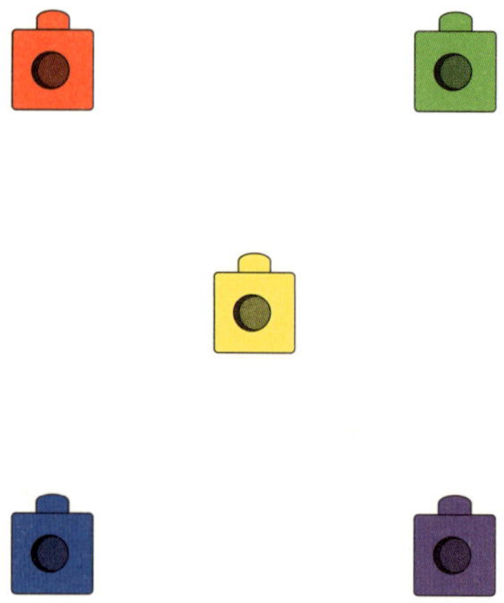

모두 몇 가지 색인가요? 5 가지

각 색깔은 몇 개씩인가요? 10 개씩

p.7

교구탐색

화살표 방향으로 연결큐브를 연결해 보세요.

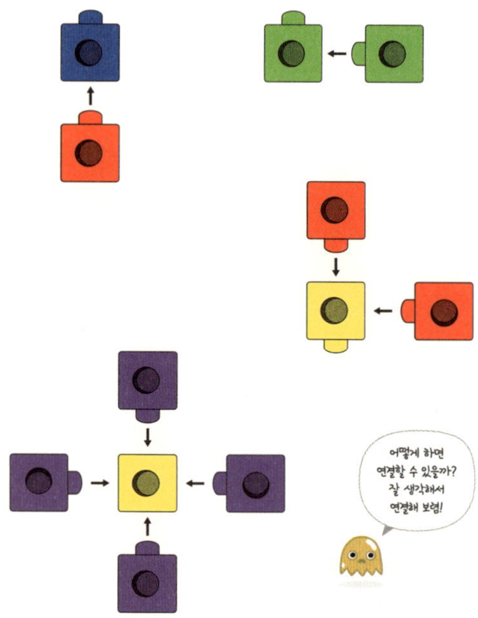

p.8

2. 평면 모양 맞추기 1

도형

연결큐브로 다음 조각을 만들고 제시된 모양을 맞추어 보세요.

제시된 답 이외에 다양한 답이 나올 수 있습니다.

티칭 가이드 튀어나온 곳을 위로 향하게 하면 모양 맞출 때 수월합니다.

p.9

모양 맞추기

연결큐브로 다음 조각을 만들고 제시된 모양을 맞추어 보세요.

제시된 방법 외에 다양한 답이 나올 수 있습니다.

p.10

3. 입체 모양의 개수

도형

입체 모양을 만들고 위에서 보았을 때의 연결큐브의 개수를 적어보세요.

→

2	1

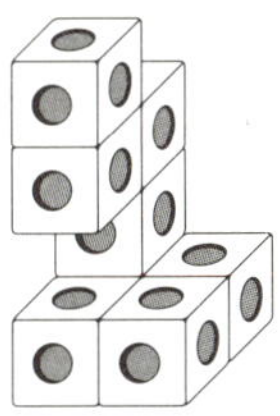

3	1
3	1

2		2
2	1	1
	1	

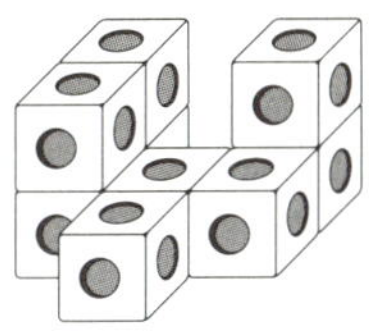

p.11

입체 모양의 개수

다음 입체 모양을 만들고 위에서 보았을 때의 연결큐브의 개수를 적어보세요.

2	2	2
	1	
	1	

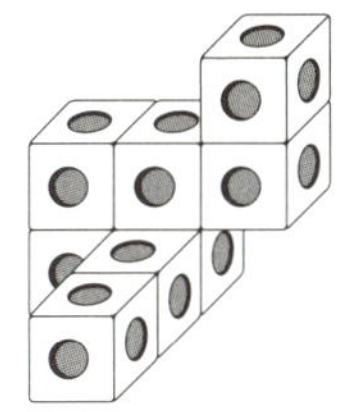

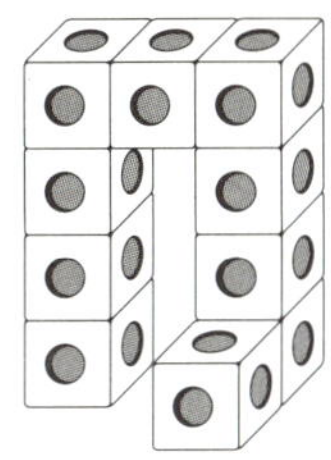

4	1	4
		1

p.12

4. 평면 모양 맞추기 2

도형

연결큐브로 다음 조각을 만들고 제시된 모양을 맞추어 보세요.

답표시는
각 조각들의 모양대로
선을 긋고 색칠해 주렴.

p.13

모양 맞추기

연결큐브로 다음 조각을 만들고 제시된 모양을 맞추어 보세요.

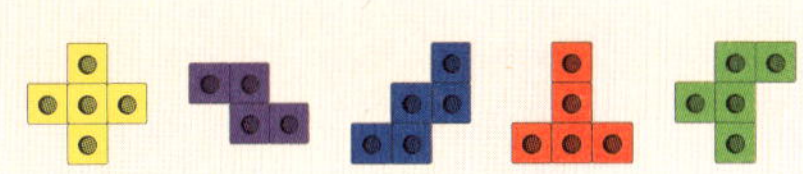

정답 제시된 방법 외에 다양한 답이 나올 수 있습니다.

p.14

5. 규칙성과 대응 — 규칙성

다음 그림을 보고 주어진 물음에 답하세요.

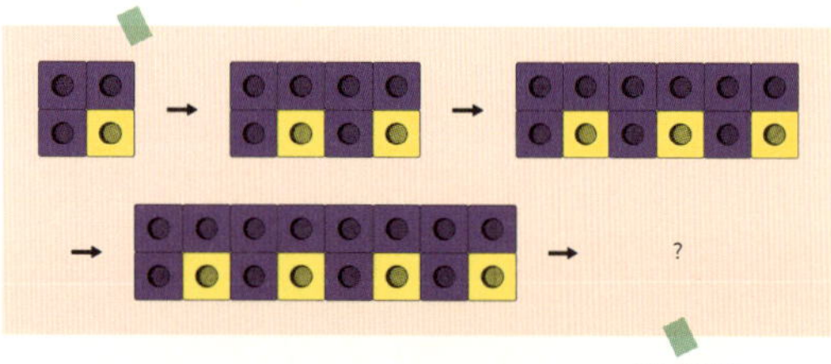

교구 없이 문제를 해결해 보자!

1) 표를 채워 보세요.

	1	2	3	4	5
보라색 연결큐브의 수	3	6	9	12	15
노란색 연결큐브의 수	1	2	3	4	5

2) 보라색과 노란색 개수 사이의 대응관계를 써 보세요.

보라색 연결큐브의 수는 노란색 연결큐브 수의 3배입니다.

p.15

규칙과 대응

다음 그림을 보고 주어진 물음에 답하세요.

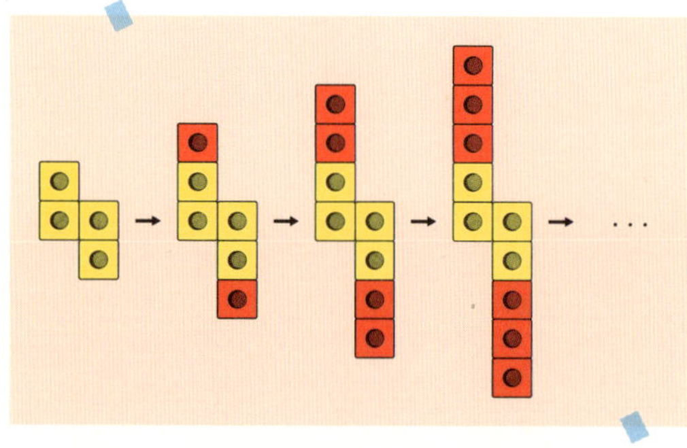

1) 변하는 부분과 변하지 않는 부분을 말해 보세요.

- 변하는 부분: 빨간색 연결큐브의 수
- 변하지 않는 부분: 노란색 연결큐브의 수

2) 표를 채워 보세요.

	1	2	3	4	5	···	10
노란색 연결큐브의 수	4	4	4	4	4		4
빨간색 연결큐브의 수	0	2	4	6	8		18

p.16

6. 여러 방향에서 본 모양 1 — 도형

다음 입체 모양을 만들고 여러 방향에서 본 모양을 색칠해 보세요.

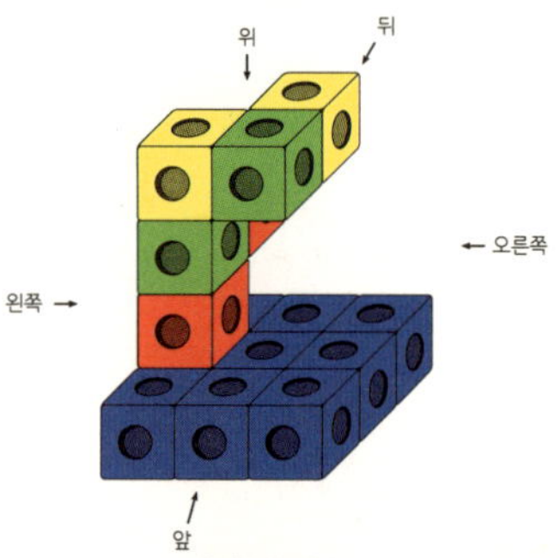

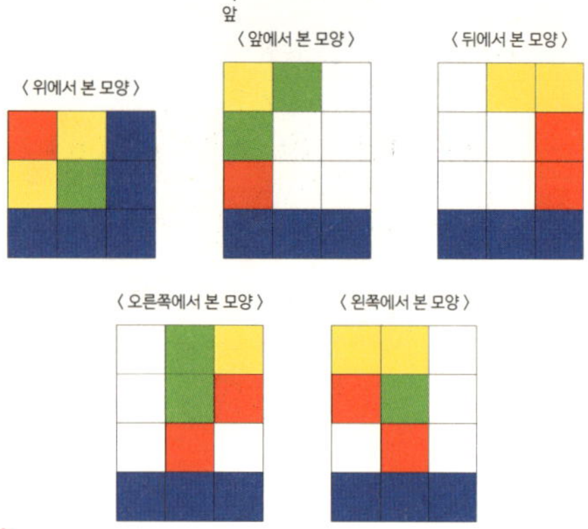

p.17

여러 방향에서 본 모양

다음 입체 모양을 만들고 여러 방향에서 본 모양을 색칠해 보세요.

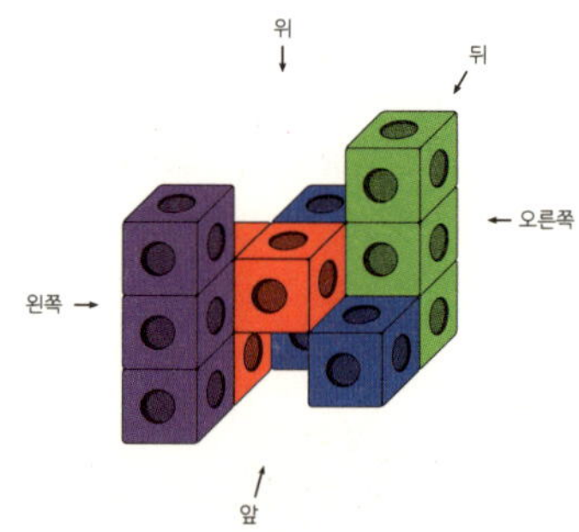

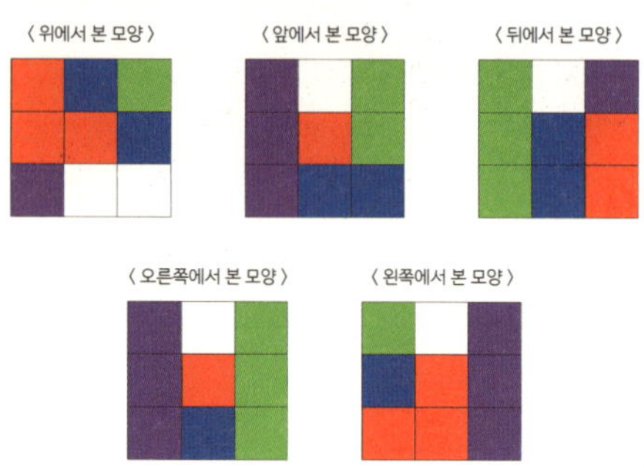

제시된 방법 외에 다양한 답이 나올 수 있습니다.

p.18

7. 연결큐브 변신 1

도형

다음은 순서대로 연결큐브를 끼우고 돌리는 활동입니다. 주어진 물음에 답하세요.

보기

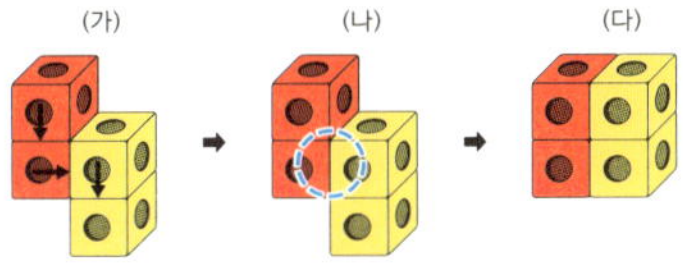

(가) 큐브의 방향을 잘 살펴서 끼웁니다.
(나) ◌ 표시된 부분을 잡고 돌리면 (다) 모양이 됩니다.

왼쪽 모양을 만들고, 한 번 돌려서 오른쪽 모양이 되려면 어디를 돌리면 되는지 ○ 하세요.

1)

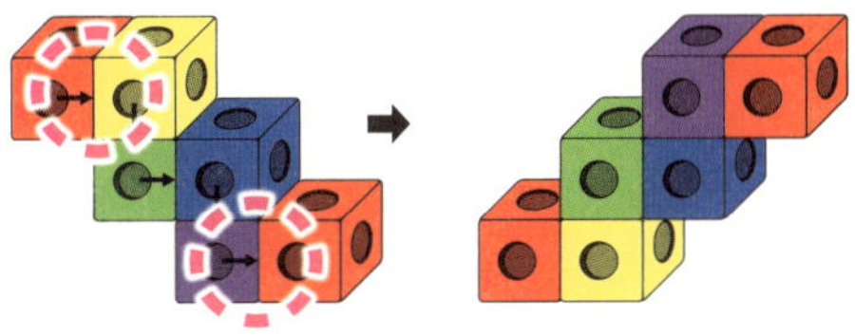

p.19

큐브 돌리기

왼쪽 모양을 만들고, 한 번 돌려서 오른쪽 모양이 되려면 어디를 돌리면 되는지 ○ 하세요.

2)

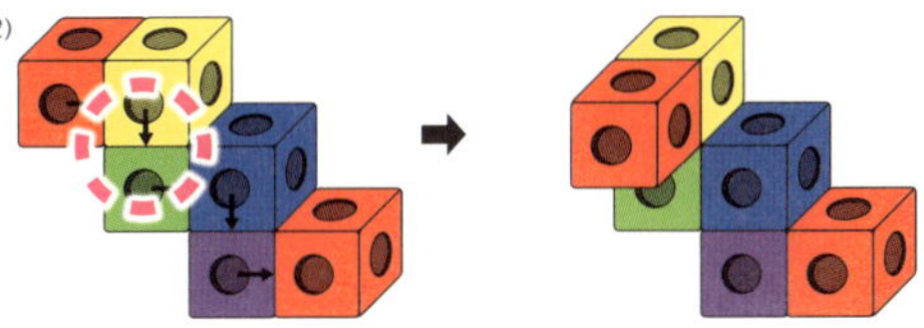

3)

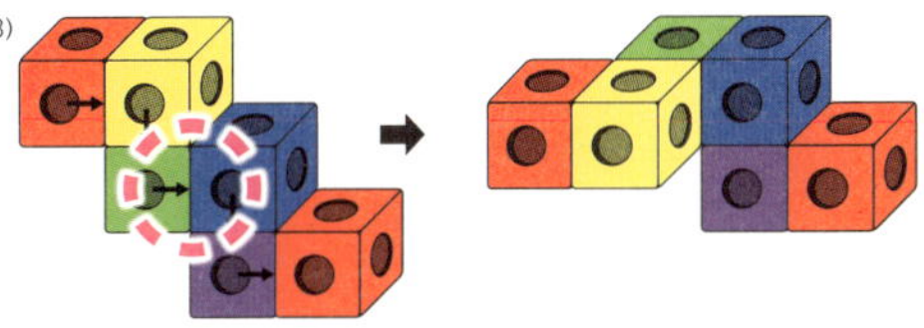

4)

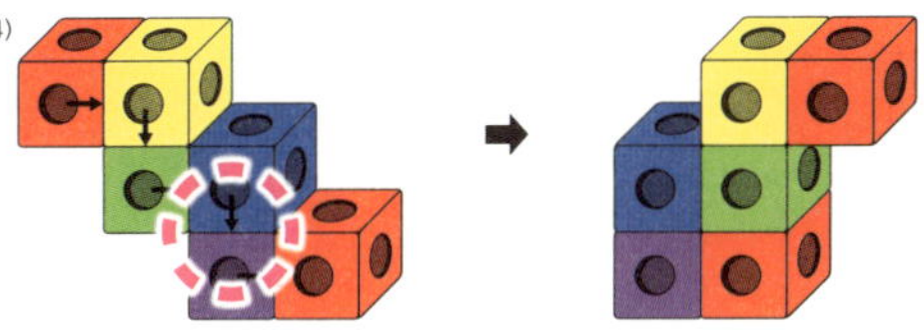

p.20

8. 연결큐브 변신 2

도형

상자 안의 모양을 만든 후 차례대로 변신해 보세요.

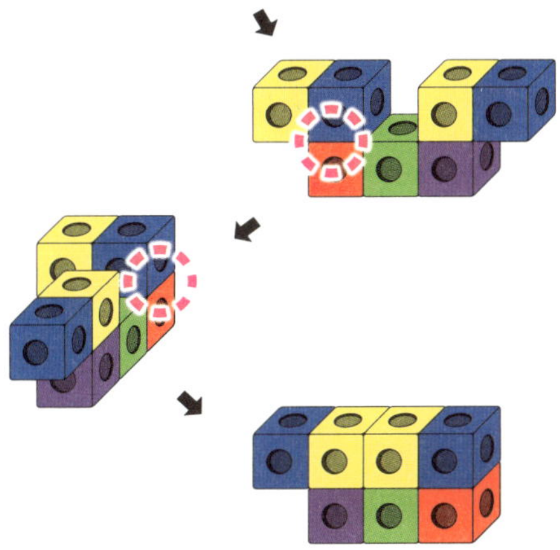

p.21

큐브 돌리기

상자 안의 모양을 만든 후 차례대로 변신해 보세요.

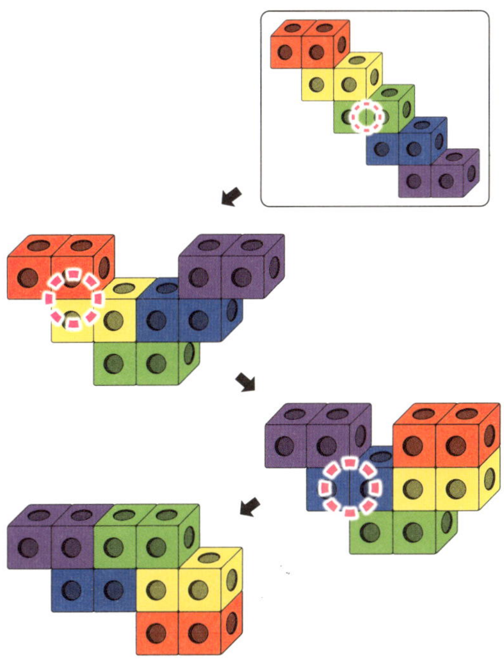

정답 제시된 방법 외에 다양한 답이 나올 수 있습니다.

p.22

9. 연결큐브 빌딩 1

도형

다음과 같이 연결큐브를 연결하여 빌딩을 만들고 아래 숫자에 맞게 놓아 보세요.

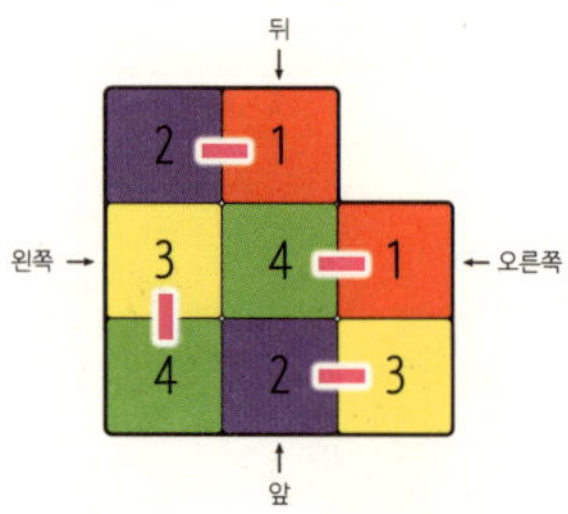

빌딩을 완성하고 앞, 뒤, 오른쪽, 왼쪽에서 본 모양을 색칠해 보세요.

〈앞에서 본 모양〉 〈뒤에서 본 모양〉 〈오른쪽에서 본 모양〉 〈왼쪽에서 본 모양〉

p.23

연결큐브 빌딩

다음과 같이 연결큐브를 연결하여 빌딩을 만들고 아래 숫자에 맞게 놓아 보세요.

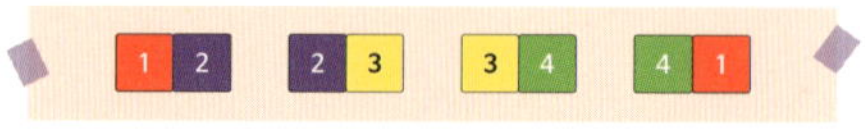

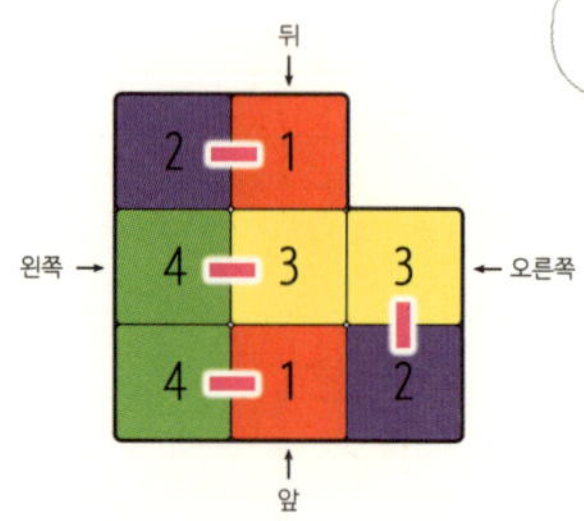

빌딩을 완성하고 앞, 뒤, 오른쪽, 왼쪽에서 본 모양을 색칠해 보세요.

〈앞에서 본 모양〉 〈뒤에서 본 모양〉 〈오른쪽에서 본 모양〉 〈왼쪽에서 본 모양〉

p.24

10. 연결큐브 빌딩 2

도형

다음과 같이 연결큐브를 연결하여 빌딩을 만들고 아래 숫자에 맞게 놓아 보세요.

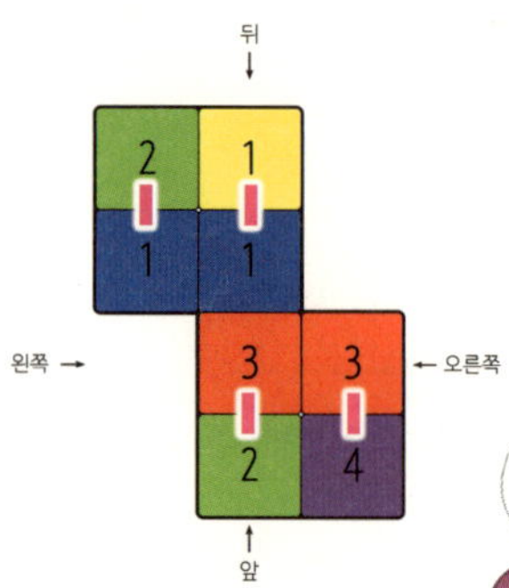

빌딩을 완성하고 앞, 뒤, 오른쪽, 왼쪽에서 본 모양을 색칠해 보세요.

〈앞에서 본 모양〉 〈뒤에서 본 모양〉 〈오른쪽에서 본 모양〉 〈왼쪽에서 본 모양〉

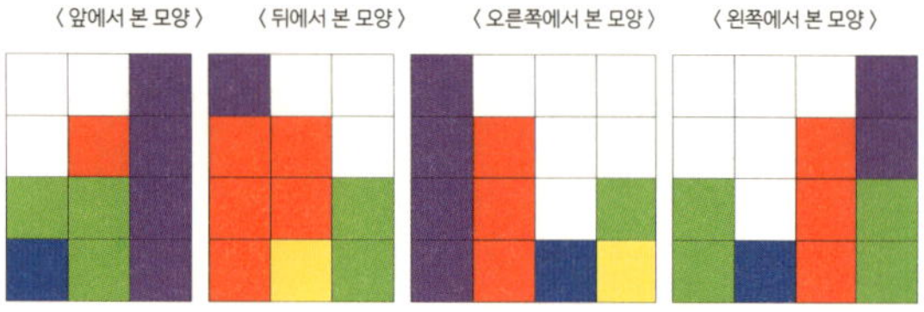

제시된 답 이외에 1 1 의 위치에 따라 다양한 답이 나올 수 있습니다.

p.25

연결큐브 빌딩

다음과 같이 연결큐브를 연결하여 빌딩을 만들고 아래 숫자에 맞게 놓아 보세요.

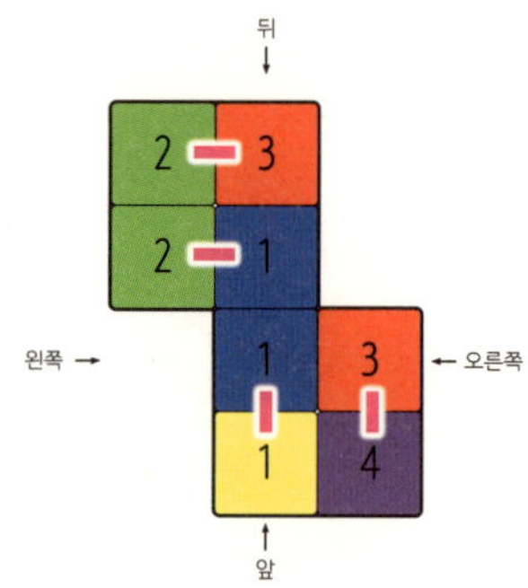

빌딩을 완성하고 앞, 뒤, 오른쪽, 왼쪽에서 본 모양을 색칠해 보세요.

〈앞에서 본 모양〉 〈뒤에서 본 모양〉 〈오른쪽에서 본 모양〉 〈왼쪽에서 본 모양〉

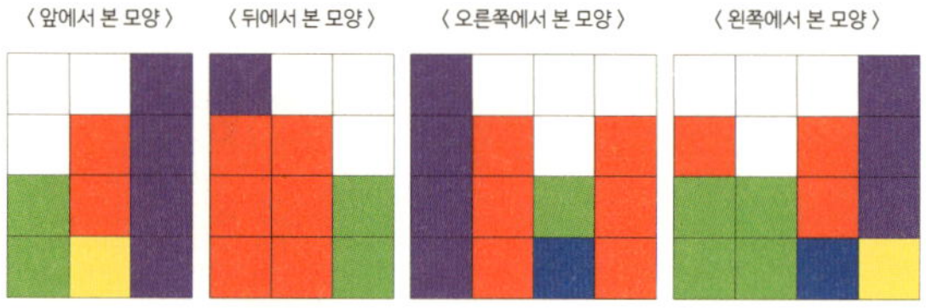

제시된 답 이외에 1 1 의 위치에 따라 다양한 답이 나올 수 있습니다.

제시된 방법 외에 다양한 답이 나올 수 있습니다.

p.26

11. 도형의 이동 - 돌리기

도형

다음 도형을 시계 방향으로 90°( )씩 돌린 모양을 그려 보세요.

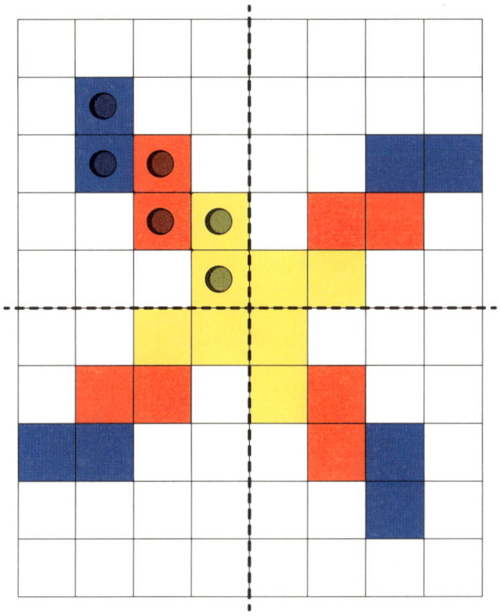

26 CHALLENGE STEP 3

p.27

도형 돌리기

다음 도형을 시계 반대 방향으로 90°( )씩 돌린 모양을 그려 보세요.

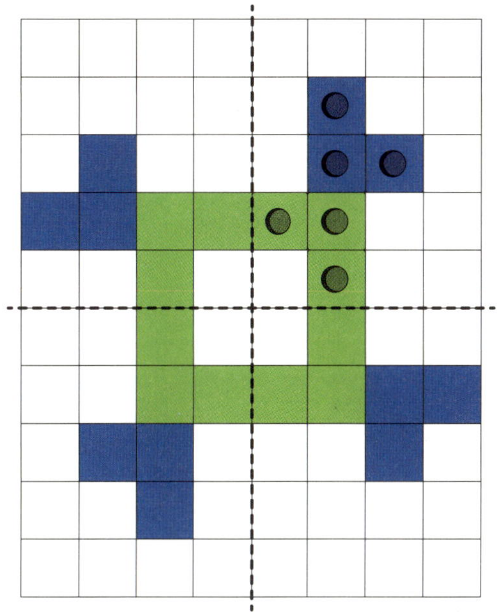

연결큐브 27

p.28

12. 연결큐브 변신 3

입체

㉮에서 ㉯로 변신하려면 어디를 돌려야 할까요? ○해 보세요.

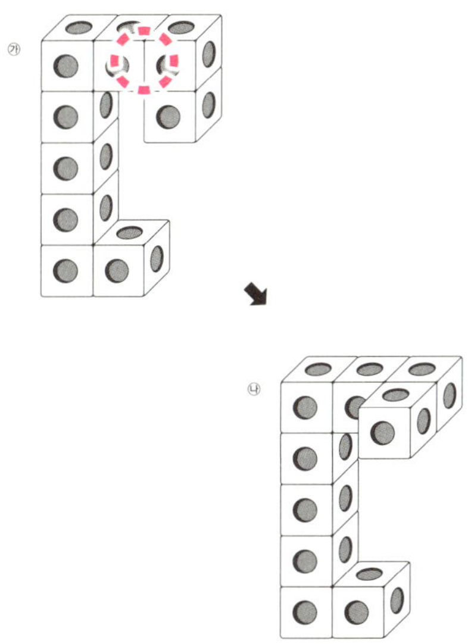

28 CHALLENGE STEP 3

p.29

큐브 돌리기

㉰에서 ㉱로 변신하려면 어디를 돌려야 할까요? ○해 보세요.

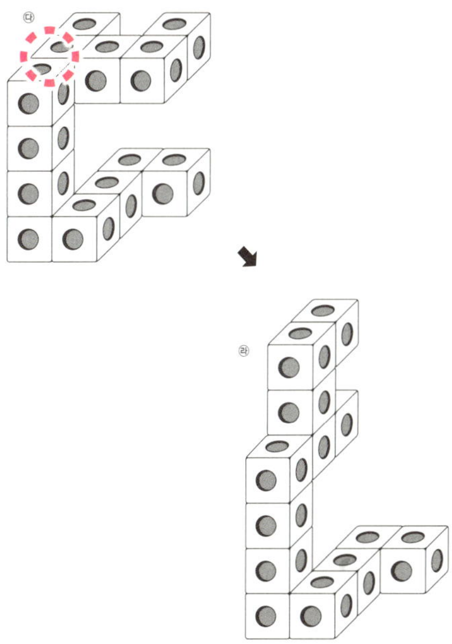

연결큐브 29

정답 제시된 방법 외에 다양한 답이 나올 수 있습니다.

p.30

13. 연결큐브 변신 4

도형

㉮에서 ㉯로 변신하려면 어디를 돌려야 할까요? ○해 보세요.

p.31

큐브 돌리기

㉰에서 ㉱로 변신하려면 어디를 돌려야 할까요? ○해 보세요.

p.32

14. 여러 방향에서 본 모양 2

도형

연결큐브 9개로 만든 입체 모양을 위, 앞, 옆에서 본 그림입니다. 만든 모양이 가능한 답을 모두 찾아보세요.

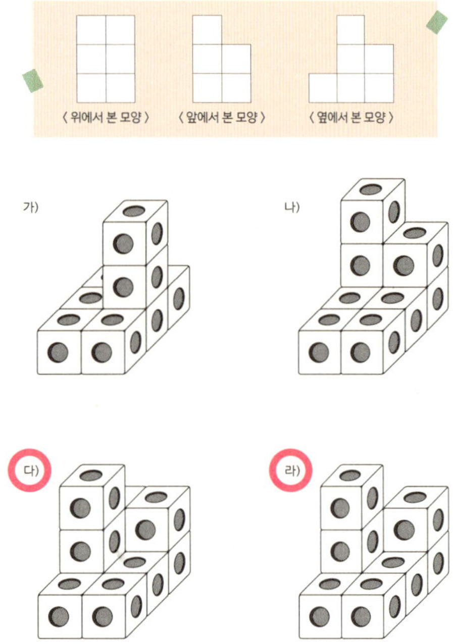

p.33

여러 방향에서 본 모양

연결큐브 10개로 만든 입체 모양을 위, 앞, 옆에서 본 그림입니다. 만든 모양이 가능한 답을 모두 찾아보세요.

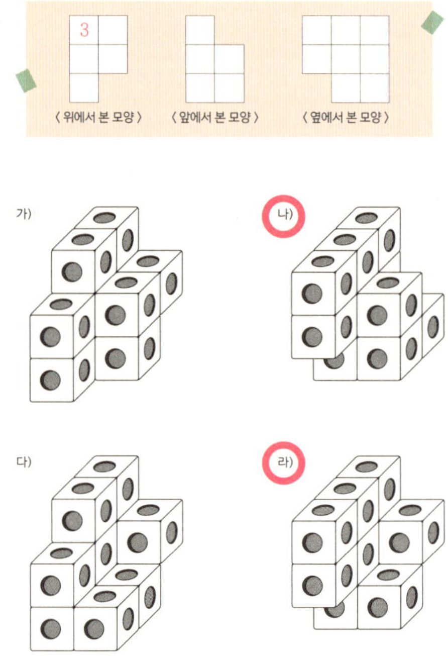

제시된 방법 외에 다양한 답이 나올 수 있습니다.

p.34

15. 여러 방향에서 본 모양 3

도형

다음 입체 모양을 만들고 여러 방향에서 본 모양의 개수를 적어보세요.

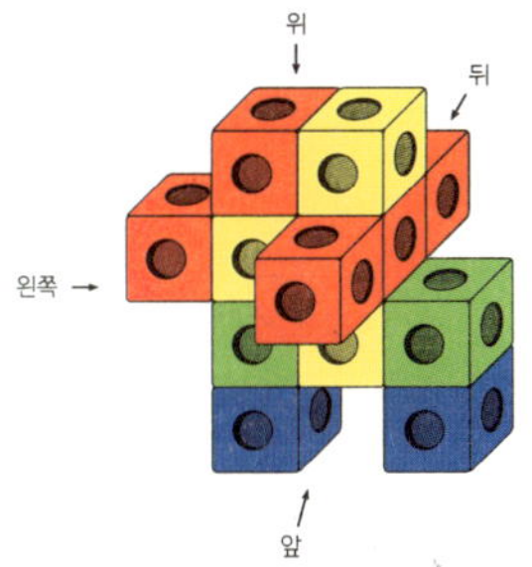

〈 위에서 본 모양 〉

		1	
1	4	3	2
		1	

〈 앞에서 본 모양 〉

	1	1	
1	1	3	
	1	1	1
	1		1

〈 뒤에서 본 모양 〉

	1	1	
	3	1	1
1	1	1	
1			

〈 오른쪽에서 본 모양 〉

	2	
1	3	1
	3	
	2	

〈 왼쪽에서 본 모양 〉

	2	
1	3	1
	3	
	2	

p.35

여러 방향에서 본 모양

다음 입체 모양을 만들고 여러 방향에서 본 모양의 개수를 적어보세요.

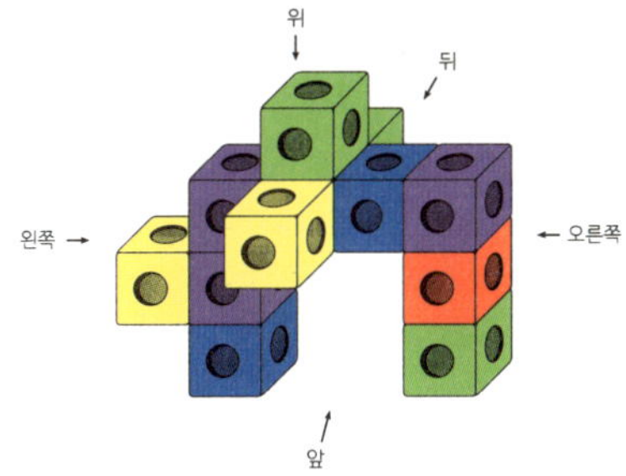

〈 위에서 본 모양 〉

		1		
1	3	2	1	3
		1		

〈 앞에서 본 모양 〉

		1		
	1	3	1	1
1	1			1
	1			1

〈 뒤에서 본 모양 〉

		1		
1	1	3	1	
1			1	1
1			1	

〈 오른쪽에서 본 모양 〉

	1	
1	4	1
	3	
	2	

〈 왼쪽에서 본 모양 〉

	1	
1	4	1
	3	
	2	

p.36

16. 입체 모양 만들기 1

입체

위, 앞, 옆에서 본 모양이 다음과 같을 때, 입체 모양을 만들어 보세요.
이때, 색깔은 생각하지 않습니다.

1) 〈 위에서 본 모양 〉

2	2
2	2

〈 앞에서 본 모양 〉

2	2
2	2

〈 옆에서 본 모양 〉

2	2
2	2

2) 〈 위에서 본 모양 〉

1	2
2	1

〈 앞에서 본 모양 〉

1	2
2	1

〈 옆에서 본 모양 〉

2	1
1	2

p.37

입체 모양 만들기

위, 앞, 옆에서 본 모양이 다음과 같을 때, 입체 모양을 만들어 보세요.
이때, 색깔은 생각하지 않습니다.

3) 〈 위에서 본 모양 〉

1	1	2
1	0	1
2	1	1

〈 앞에서 본 모양 〉

3	1	1
1	1	3

〈 옆에서 본 모양 〉

1	1	3
3	1	1

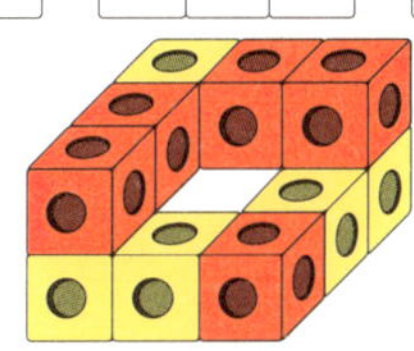

4) 〈 위에서 본 모양 〉

3	2	3
2	0	2
3	2	3

〈 앞에서 본 모양 〉

3	2	3
2	0	2
3	2	3

〈 옆에서 본 모양 〉

3	2	3
2	0	2
3	2	3

정답 제시된 방법 외에 다양한 답이 나올 수 있습니다.

p.38

17. 입체 모양 만들기 2

도형

연결큐브 10개를 사용하여 입체 모양을 만들고, 주어진 물음에 답하세요.

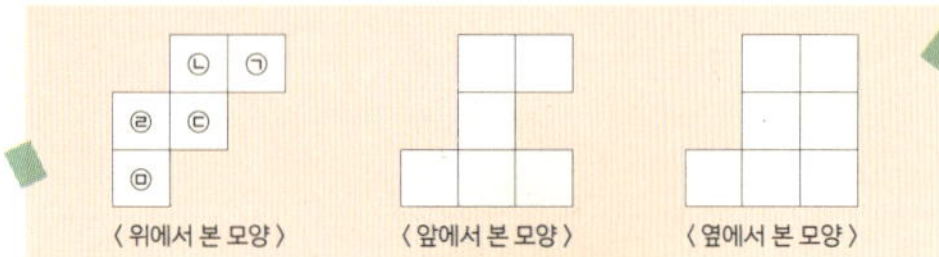

〈위에서 본 모양〉 〈앞에서 본 모양〉 〈옆에서 본 모양〉

1) 위에서 본 모양에 쌓인 연결큐브는 각각 몇 개인지 개수를 구해 보세요.

	㉠	㉡	㉢	㉣	㉤	합계
연결큐브의 개수(개)	2	3	3	1	1	10

2) 각 층별 연결큐브를 쌓은 모양을 나타내어 보세요.

〈1층〉 〈2층〉 〈3층〉

p.39

입체 모양 만들기

연결큐브 13개를 사용하여 입체 모양을 만들고, 주어진 물음에 답하세요.

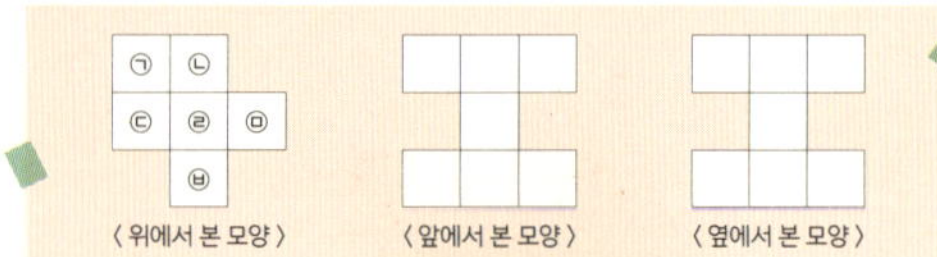

〈위에서 본 모양〉 〈앞에서 본 모양〉 〈옆에서 본 모양〉

1) 위에서 본 모양에 쌓인 연결큐브는 각각 몇 개인지 개수를 구해 보세요.

	㉠	㉡	㉢	㉣	㉤	㉥	합계
연결큐브의 개수(개)	2	2	2	3	2	2	13

2) 각 층별 연결큐브를 쌓은 모양을 나타내어 보세요.

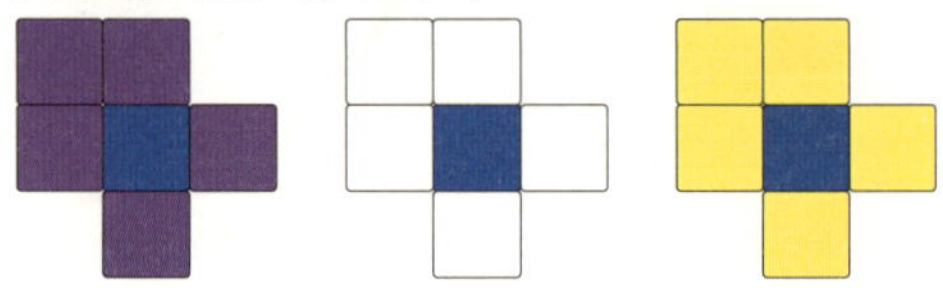

〈1층〉 〈2층〉 〈3층〉

p.40

18. 최대, 최소 개수 구하기 1

도형

다음 모양을 만드는데 필요한 연결큐브의 최대, 최소개수를 구해보세요.

1)

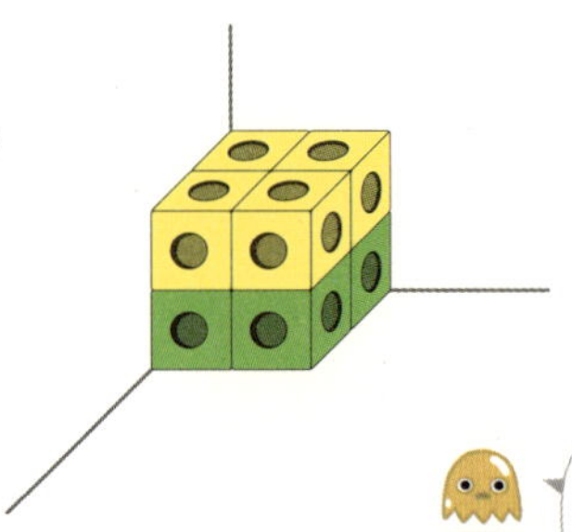

최대 : 8 개

최소 : 7 개

2)

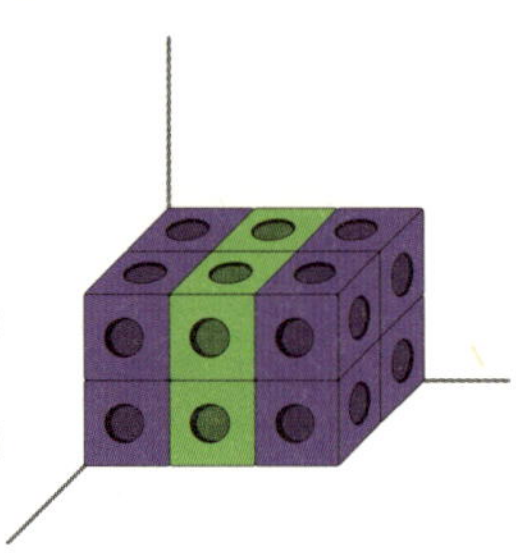

최대 : 12 개

최소 : 10 개

p.41

부피 구하기

다음 모양을 만드는데 필요한 연결큐브의 최대, 최소개수를 구해보세요.

3)

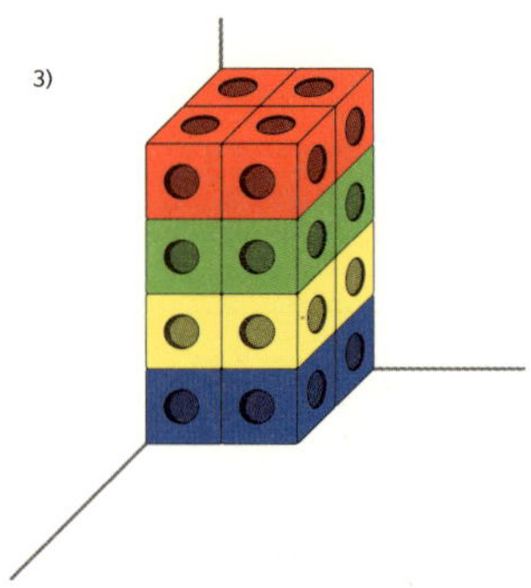

최대 : 16 개

최소 : 13 개

4)

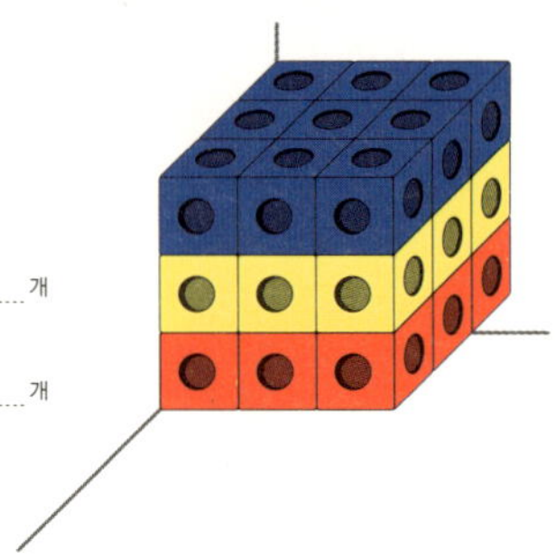

최대 : 27 개

최소 : 19 개

제시된 방법 외에 다양한 답이 나올 수 있습니다.

p.42

19. 평면 모양 맞추기 3

도형

연결큐브로 다음 조각을 만든 후, 제시된 모양을 맞추어 보세요.

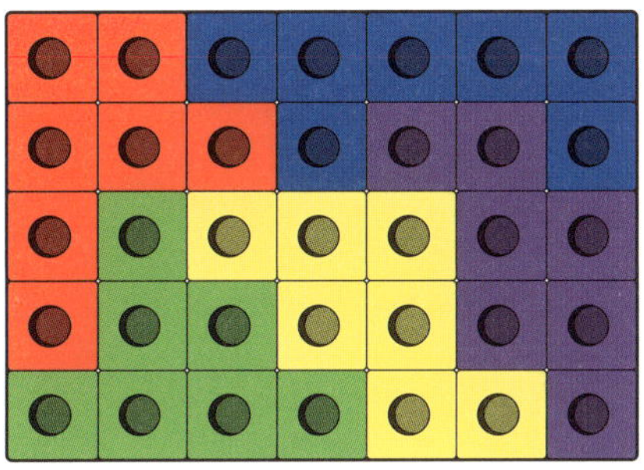

p.43

평면 모양 맞추기

연결큐브로 다음 조각을 만든 후, 제시된 모양을 맞추어 보세요.

p.44

20. 최대, 최소 개수 구하기 2

도형

다음 모양을 만드는데 필요한 연결큐브의 최대, 최소개수를 구해보세요.

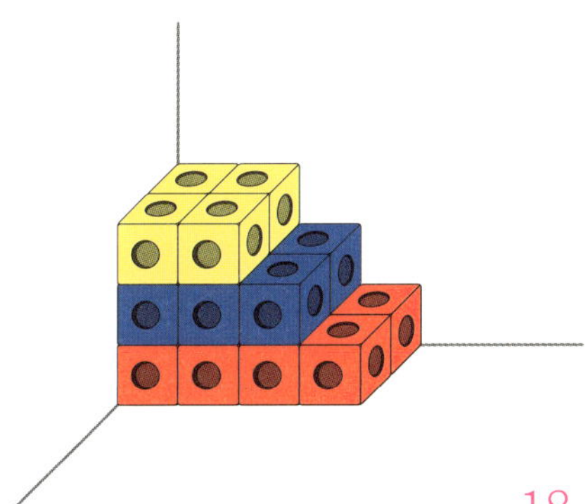

최대 18 개

최소 13 개

p.45

부피 구하기

다음 모양을 만드는데 필요한 연결큐브의 최대, 최소개수를 구해보세요.

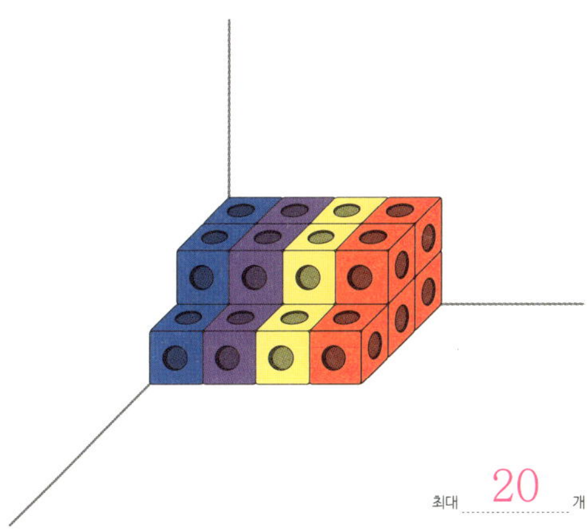

최대 20 개

최소 14 개

MEMO